JN093865

# 被害と加害のフェミニズム

## #MeToo以降を展望する

피해와 가해의 페미니즘

[編著]クォンキム・ヒョンヨン
[監訳]影本剛／ハン・ディディ

解放出版社

## 日本語版序文

# 被害者中心主義を批判する理由

『被害と加害のフェミニズム』は韓国での #MeToo 運動が最も熱く盛り上がった時期に刊行されました。刊行初日、本書はあるインターネット書店で社会科学分野の第一位になったのですが、この数字は私たちに多少の恐れを抱かせました。なによりも本書の内容を根拠にし #MeToo 運動にケチをつけられるのではないかと憂慮したのです。なぜなら、本書は反性暴力運動が作り出した言説と戦略に対する批評を試みているからです。しかしそのような恐れゆえにきちんとした討論が行われないのであれば、それこそフェミニズムはより大きな危機に陥るでしょう。そのようにして、何度も深呼吸をしながら作った本です。どうかそのような緊張をともに耐えてくださることを願います。

この本で主に批判しているのは「被害者中心主義」という言葉です。韓国において「被害者中心主義」は、二〇〇〇年代初め、学生運動と市民運動団体内部における性暴力問題を内部的に解決する過程で登場した言葉でした。現在この言葉は、大学、政党、市民団体、マスコミなどに広がり、汎用性を獲得しました。被害者中心主義は、加害者の立場と声が一方的に貫徹される状況で「より強力な対抗言語が必要だ」という欲望が作り出した言葉でした。韓国で「〜主義」という言葉は、イデオロギー的に自身の立場を強く宣言するやり方でしばしば用いられます。「私は結婚するつもりはない」という言葉よりも「私は非婚主義者だ」という言葉が、より断固としたものに見えるようにです。「被害者中心主義」は加害者中心社会に抵抗して政治的正しさを獲得しうる強力な宣言として受け入れられ、この言葉は女性運動家たちの間でも広く使われました。韓国で反性暴力運動を導いた最も重要な概念の一つは「被害者中心主義」だという話を聞いたことがあるくらいです。

この言葉がこれほどまで影響力を拡大していった背景には、何よりも強力な「加害者中心社会」があったということを強調しないわけにはいきません。韓国の反性暴力運動家たちは警察と法廷、そしてマスコミなどが性暴力事件の被害者を疑ったり非難したりする問題に対し声高く抗議してきました。被害者に対する疑いと非難が加害者の行動に対する怒りよりも目立つ理由は、加害者の立場から事件を見ているからです。捜査官は、加害者がなぜそのような行動をしたかを問うよりも、被害者になぜそこにいたのかを問い、なぜもっと正確で断固たる意志を表現しなかったのかを問い、マスコミも同じ問いを被害者に向けます。その結果、加害者に対する裁判ではなく被害者に対する裁判が開かれることになるわけです。性暴力と闘う女性運動家たちは被害者に対する非難をストップせよと語ってきました。「被害者中心主義」という言葉が性暴力と闘う言説的武器として受け入れられたのはこのような背景があったからでしょう。

しかし私をはじめとするトランス（本書や『#MeToo の政治学』を執筆・刊行したグループ）を作った四名の共同企画者――チョン・ヒジン（鄭喜鎭）、ハン・チェユン（棡喈昀）、ルイン、クォンキム・ヒョンヨン

（権金炫怜）――は、「被害者中心主義」という概念によっては、第一にジェンダーに基づく暴力の根幹である性差別的構造を説明できず、第二に性暴力の社会的意味を再構成することもできず、第三にむしろ性暴力をさらに被害者個人の固有な経験としてのみ構成し被害者を社会から孤立させることになると憂慮しました。何よりもこの言葉はフェミニズム的言語ではありえないと私たちは考えました。「被害者中心主義」という言葉は、常に「中心」主義を批判してきたフェミニズム知性史の文脈から見るとき、かなり見慣れぬ造語です。たとえ中心主義の前に被害者やマイノリティという言葉をつけるとしてもそれは変わりません。むしろこの言葉は被害者絶対主義、マイノリティ優先主義のように、既得権を持つ権力集団がフェミニズムとマイノリティの政治を非難するために使用する言葉と似通っています。この類似性は偶然ではありません。

この言葉が加害者中心社会に対する批判という次元でいくら効果的であっても、中心主義は中心と周辺のヒエラルキーを作り出す権力装置だという批判を放棄することになってしまいます。「被害者の立場」ないしは「被害者の観点」程度で十分なのです。フェミニストたちは知のあり方と位置自体に対して問うてきました。あらゆる人々は自身の経験世界の中で各々の知を持っています。これは相対主義とは異なります。フェミニストの知識生産の重要な目標は、これまで私たちが知っていたほとんどの知識は支配者の主観だという点を露わにし、被支配集団の位置から知ることのできる別の知が可能になる場所を探し出すことでした。そのような点で被害者もまた事件の全体のうち一部だけを知っているのみであり、自身の経験の中で知ることになったものを伝達できるだけです。被害者の声を尊重するということは、被害者に不当な偏見をまとわせたり被害者らしさを強要することだけでなく、被害者を神格化したり絶対化しないこともまた含まれます。

被害者中心主義を批判するもう一つの理由は、被害者に対する強調が、性別二分法を強化する方向へと向かいがちだからです。女性と子どもの脆弱さそれ自体が強調されるときになって初めて性暴力問題に対する世論の注目と怒りが生じるという状況において、しばしば反性暴力運動の言語が性別二分法を前提し強化する方向へとまきこまれていきました。誰もが知っているように、性暴力問題は、問題が露わになる性別がかなり典型的です。性暴力とデート暴力など、主に私的領域において生じる暴力は明瞭にジェンダー化されています。被害者の性別は女性がはるかに多く、加害者の性別はほとんどが男性です。誰かから「いまだにフェミニズムが有効なのか？」と問われたとき、最も速く相手を納得させることのできる方法は、性暴力被害者のほとんどが女性だという点に言及することでしょう。だからといって女性＝被害者、男性＝加害者ということを繰りかえし強調しさえすればいいのでしょうか？　被害の原因が被害対象のアイデンティティにあるという仮定は、結局のところ回り巡って再び被害者を非難する行為に加担することになります。

性別によって特定の傾向性が現れるのは自然なことではなく、分析対象にすべきことです。なぜある暴力がひときわ性別化された傾向を持っているのかを分析することは重要です。性別化された暴力は二つの次元、つまり自然と文化という次元ですべて自然化されたり文化的慣行という形態で承認されもします。二分法では解決されません。反性暴力運動の主たる戦場が何よりも「解釈闘争」である理由です。それゆえ私たちはフェミニズム大衆化時代に登場した反応のうち一つである「知らないなら覚えろ」というふうに言いたくはなく、「知るために努力しろ」と言いたかったのです。加害者が誰なのかを名指して加害者を社会から除去することで問題が解決したと自分を慰めたくなかったのです。問題解決能力を育むことができず、問題の告発を競い合うことに重点をおくばかりで、ともに生きていく社会的技術を失ってしまう事態が繰り返されていたからです。

ここ数年間、韓国ではフェミニズムがとてつもない速度で大衆化されました。その中で自らをフェミニストと言いながら公然とトランス女性を排除する声を上げる者たちも存在します。このトランス女性排除の声は、支配文化からの承認を求める被害者競争の文化がフェミニズムの中にも浸透した結果です。私たちは女性に対する暴力と闘いたいのであり、真なる女性と偽なる女性を分かつ闘いを作りたいのではありません。男性に基準が合わせられた女性らしさの強要に対する闘いが女性性に対する体系的な格下げにつながり、互いの服装を検閲して女性性を取り締まる闘いへと繰りかえし変節することを、積極的に拒否したかったのです。この本でトランスジェンダーが体験する被害と加害の構造を含めて扱うことは、女性に対する暴力と闘えるフェミニズムの言語をより豊かにするでしょう。

この本をともに書いた著者たち皆が自身をフェミニストだと考えています。代表して語っているので躊躇なくこのような評価を下せますが、この本の著者たちは各自の領域で勇敢な活動をしてきた人びとであり、優れた文章を書いてきた人々です。ここに掲載された文章を書くに至るまで私たちは熾烈に悩みました。ようやく声を出し始めた被害者のための支持と連帯、応援が必要な状況においてこの本を出してもよいのだろうか。このためらいを最後まで抱えて悩みました。しかしそれゆえに私たちは異見を語ることのできる言説的空間を作りたかったのです。フェミニズムが差異を排撃して成功したことはなかったからです。

幸いなことに（?）この本が目立ってベストセラーになることは生じませんでした。その代わりに現在に至るまでも、長いレビューを読者たちから受けとり続けている本でもあります。最近、久々に読者から手紙をもらいました。その方は混性集団と同性集団において、被害者、助力者、加害者、傍観者というそれぞれすべて異なる立場を経験する中で『被害と加害のフェミニズム』を何度も読み直したと書かれていました。「誰の側にも完全に立ってくれない本」だと、どの文章にも完全に同意できなかったと、まさにそれゆえにいかなるフェミニズムの本よりも自身がフェミニストとして生き続けるための手がかりを得たといいます。この読者の手紙を受けとった後になって、ようやく私は長い間、固まっていた肩の緊張が少し解けた気分でした。

翻訳者たちは私にかなり長い質問を送ってきました。その質問に対する応答を日本語版序文を通して書いてくれと求められました。しかし本に含むことのできなかった内容まで序文に含むことはやはり無理でした。この本はこれまで三〇年間の韓国で生じた反性暴力運動の歴史という文脈に依存しているという点を強調すること程度で序文を閉じたいと思います。互いに異なる歴史と文化を完全に理解することは不可能ですし、翻訳という過程でさらに屈折を経るしかないでしょう。にもかかわらずこの本の翻訳者たちがこの本で提起する諸問題について同時代を生きるフェミニストとしてともに考えを交わしたいと思ってくださったという点を、何よりもうれしく感じます。この本を読まれた読者たちが討論し批判してくださることこそ私たちが望んでいるものです。

二〇二二年八月末日、ソウルにて

クォンキム・ヒョンヨン

## はじめに

# 1 私たちは被害者という役割を拒否する

誰もがフェミニズムは「問題」だと言っている。被害者は被害者なりに、加害者は加害者なりに現在のフェミニズムでは問題が解決できないと主張している。しかし同時に言えるのは、韓国社会にこれほどまでに「多様な」フェミニズムが登場した時期もなかったということだ。あるフェミニズムは主流的秩序へと編入され官僚化する一方で、別のフェミニズムは「すべての女性は被害者」だと主張している。はたまた女性だけが社会的弱者であるかのように他の社会的弱者を嫌悪するフェミニズムまで登場している。現代の韓国社会のフェミニズムは、このように様々な問題を抱えている。しかし、いくら崖っぷちに立たされて理論と実践の苦境に陥っていてもフェミニズムの「使い道」そのものはなくならない。特に女性に対する暴力が「世界最高」レベルである韓国社会ではなおさらだ。女性たちは、フェミニズムがやっと始まったばかりでまだまだ足りないと言っている。その一方で、ほとんどの男性は「突然世の中がひっくり返ったようだ」と「苦痛」を言いたてる。明らかなことは、フェミニズムがかつてないほど大衆化し、女性の声を可視化しているという事実だ。地球全体で、そして韓国社会のあらゆる場所で、「#MeToo」は簡単に止まらない。

現在、韓国社会を「揺るがしている」被害者の声は、数年にわたって文化芸術界を揺るがしたかと思うと、今度は権力の中心部をも騒がしている。問わずにはいられない。一体この間どんなことが起きてきたのか、と。「性暴力犯罪の処罰及び被害者保護等に関する法律」が一九九四年に制定されて二〇年以上が経過した。「民主化」からは三〇年以上が過ぎている。しかし、相変わらず韓国社会では被害者が自ら公論の場に飛び込み、全身で自分の被害事実を直接証明しなければ、問題解決の糸口が見えない。世論の関心が別の方向に向かえば、それすら立ち消えになることもよくあることだ。しかし被害者が自ら直接表に出て告発し暴露するやり方の「副作用」に対する男性社会の「心配」が霞んでしまうほど、「私たち」の声はますます高まっている。加害者が直ちに反撃し、被害者の人格を攻撃してくるということを考えれば、副作用に関する心配は杞憂ではすまされない。しかし、被害当事者が我慢せずに話すことにした以上、これより強力な武器はない。一つひとつは小さな露も積もれば海を成す（露積成海）と言う。これまで長い間積もり積もってきた弊害をなくすことが容易なはずはない。より多くの声がわき起こってくることを願う。

## 2

本書は、フェミニズムが大衆化時代を迎える中で、性差別と性暴力問題を「まともな」日常の政治として持続させるために、「#MeToo 以降の運動」を考えるものだ。おそらく読者は研究グループ「トランス」の前作『両性平等に反対する』(二〇一七)と同じように、本書の内容に戸惑うかもしれない。本書の執筆者たちは長年、性暴力に反対する運動をしてきており、当然、現在の状況を熱烈に支持している。しかし、本書『被害と加害のフェミニズム』は、持続可能な運動のために、これまで「私たち」(韓国のフェミニズム研究者と活動家たちすべて)にどんな困難があったのか、何が足りなかったのか、何をもっと思考すべきかに焦点を当てている(その点で本書に掲載した文壇内部の性暴力問題は、フェミニズムがいかに複雑で至難な「私たち自身との戦い」なのかをよく示している)。

フェミニズム運動は、一体いつまで被害経験の共通性の中に意識高揚の「燃料」を求め、怒り、暴露するというやり方を繰り返さなければならないのだろうか。いつも同じ所を堂々巡りするような感を拭えない。問題のある数多の個人を名指し、加害事例のリストを増やし、被害の証拠を収集し、互いの抑圧された経験の共通性を掘り下げていくことは、結局、女性を被害という現実に押しとどめてしまうのではないだろうか。被抑圧者のアイデンティティが本質主義に出会うとき、解放への展望は失われる。そうなれば、私たちにできるのは、せいぜい被抑圧の条件を持ち寄って一緒に暮らす臨時避難所にすぎない。

「被害者の味方」をして加害者を処罰することは、フェミニズムの目標でも展望でもない。それは単に法治国家の常識であるにすぎない。そのために被害者が人生を賭けなければならないような社会なら、希望はない。フェミニズムは加害者を処罰し、被害者を保護しようという思想ではない。フェミニズムはそれ以上のものだ。フェミニズムはむしろ、被害と加害という位置が与えられる方法そのものに関心を持つのである。

## 3

被害者の位置からしか発言できない社会において、被害者は自らの被害経験を社会的に理解されるような物語として構成するために、必然的に苦痛を資源とすることになる。事実を認めてもらうために、被害事実を繰り返し公表することもしばしば発生するが、それだけでも被害者の精神の健康に悪影響を及ぼすという点において問題をはらんでいる。

発言が社会的弱者やマイノリティの位置からのみ可能になるとき、被害者の位置は抑圧を構成する条件の一部に割り当てられるしかなくなる。そのため誰も被害者になりたくはないにもかかわらず、誰もが「そう言うなら私も被害者だ」と主張するようになるのだ。被害と加害という問題は「誰」あるいは「何」の問題から、「権力と暴力」の問題として再設定されなければならない。そのためには社会が被害と加害の文脈をどのように理解し、翻訳し、正当化しているのかを分析するプロセスが必要になる。本書で試みたのはまさにそのような作業だった。何が被害で何が加害なのか、誰が被害者で誰が加害者なのかではなく、暴力によって権力が行使され正当化される過程を明らかにすることが、本書の執筆陣に共通する目標だった。

## 4

クォンキム・ヒョンヨンは性暴力の二次加害言説と被害者中心主義の問題を批判的に検討する。クォンキム・ヒョンヨンの問題意識は、「被害者中心主義」が新しい道徳主義のように使用されたために、公論の場で合意の過程を経て更新されていくことが要求される性暴力の判断基準についての議論が進展できていないということにある。クォンキム・ヒョンヨン論文によれば、何が性暴力なのかの判断を可能にする絶対的な基準のようなものはない。すべての知識は部分的なものであり、文脈に依存している。したがって、性暴力をめぐるフェミニズム政治は、誰の言葉が真実なのかという問題ではなく、性暴力に対する加害と被害の語りが互いに異なるとき、誰の解釈を社会正義として受け入れるかという次元の解釈闘争なのだ。

クォンキム・ヒョンヨンは、「二次加害」という言葉が被害者を非難する文化に対抗する「個人」の戦略として使われたために、本来「二次被害」という言葉が「社会」的次元で喚起しようとした問題意識が広まらなかったと批判する。日常に浸透しているレイプ文化、女性に自分の評判が悪くなるかもしれないというリスクを負わせる男性中心的なセクシュアリティ評価のあり方、弱者間の連帯や共同責任を不可能にさせる新自由主義体制、女性の経験と知識に対する体系的排除、女性嫌悪がはびこる大衆文化およびインターネット環境など、性差別を容認して性暴力を可能にさせる装置は多様である。しかし、これらの現象がすべて「二次加害」という言葉で簡単に要約されたことで、私たちは皆、加害と被害の二分法の中に閉じ込められてしまった。そうなった原因は、性暴力問題には被害者と加害者だけが関わるという「狭義の当事者性」だけをアプローチの方法にしてしまったことにある。この問題を解決する方法は、性暴力を文化的に正当化するレイプ文化に対する問題意識を明確にすることであって、傍観者をすべて共犯者にして加害者のリストを増やすことではない。著者の主張を要約するならば、次のようになる。被害者中心主義は被害者を他者化し、二次加害という言説は性暴力を再び個人的な問題にしたということだ。

## 5

文壇内の性暴力告発者を支持し連帯してきた『参考文献なし』準備チームの論考は、現在進行中である苦闘の記録である。『参考文献なし』準備チームは文壇内の性暴力に関する証言と支持の言葉を集めて本を出版し、クラウドファンディングを通じて被害者の法的対応および医療にかかる費用を支援するために作られたチームだった。プロジェクトの進行過程で、誰が被害者に連帯する人々を代表するのか、誰に被害者を助ける本当の資格があるのか、支持と連帯の仕方をどのようにして決めるべきか、被害証言を本のかたちで残す作業を行う際に編集権はどこまで許容され、また本に対する責任は誰がどのように負うのかなど、多くの議論がなされた。被害者支援と本を出版するためのクラウドファンディングは、類例のない成功を収めた。しかし、それとほぼ同時にSNSで、出版社スタッフのデートDVが暴露された。謝罪に続き、公式に『参考文献なし』からの参加辞退が決定されるまでの時間はとても短かった。後でわかったことだが、この事件は加害側と被害側に明確に分けられるというよりは、ストーキングと暴力行使という形態の相互的な暴力が順番に振るわれた事件だった。しかし、事実関係とは別に、すでに企画と実務を同時に受け持っていた準備チームの評判は悪くなり、被害者の連帯者は一体どこの誰なのかという疑念が広がり、プロジェクトは頓挫の危機に直面することとなった。

しかし『参考文献なし』準備チームは不屈の意志で、私家版の形ではあるが、証言と連帯の記録を本として完成させ、被害者に約束した法的・医療的支援を無事に終えた。彼らにこれほどの責任を要求することができたのは一体どこの誰だったかと問わずにはいられない。この文章を書く間、『参考文献なし』の準備チームは数え切れないほど討論し、中断し、また記録するということを繰り返した。フェミニストの仲間として心の底から応援しながらも、文章を完成させることができるか心配だったのも事実だ。しかし結果としては、現時点で「十分であるだけでなく」、非常に意味のある議論を触発する文章が提出された。これは特に連帯者の立ち位置への問いを最後まで試みた人々の論考だ。「私たちは「誰が加害者なのか」よりは「何が暴力なのか」を問うべきだった」という一文を書くまでに経てきたであろう執筆者たちの奮闘が、本書の企画を決心させたということもつけ加えたい。

## 6

ハン・チェユンは、カミングアウト、アウティング、そしてカバーリング（くわしくは本書第3章第5節以下を参照）に至る、アイデンティティの政治に内包されている認識論についての重要な論考を書いた。これは、烙印を押された人たちにもっと早く正直に話せと要求する前に、その人たちの話をしっかりと聞く準備ができているかをまず確認すべきだと社会の側に省察を要求するものだ。レズビアン講師の講義を聞きに行くという妻に向かって夫が「一度でも俺に会っていたらレズビアンにはならなかったかもしれないのに」と言ったという話を笑い話のように語った活動家のエピソードは、韓国社会でレズビアンのカミングアウトがなぜこれほどまでに稀で、また困難なことなのかを端的に示している。性的マイノリティの人生を想像したことのない人にとって、カミングアウトは何の意味も生じさせえない。カミングアウトという言葉自体が、そもそも同性愛者のコミュニティで行われる一種の社交界デビューのような言葉であり、アウティングはカミングアウトの戦略の一つだったという著者の指摘は、これまで私たちが知っていたカミングアウトとアウティングに対する常識的な見方を揺るがす。

カミングアウトを堂々たる態度のしるしだと単純に考える社会においてアウティングは、無条件に悪いこととされ、あまり目立たないように暮らせというカバーリングの要求に抵抗しにくくなる。こうなると、同性愛者の生き方を抑圧する社会の問題は実際視野から消えてしまう。このような文化は、内部で互いを被害者と加害者に仕立て上げ、失敗したカミングアウトと成功したカミングアウトを対比させ、他人の目から見てももっともらしい市民として生きている成功した同性愛者を称賛する。このような文化の中で、カミングアウトに成功するためには、ひとまず社会的に成功し、経済的に安定した収入がなければならない。ハン・チェユンは同性愛者に堂々とした態度を要求する社会は、同性愛者が同性愛者として生きる幸せには関心を持たないという点に注目し、同性愛という「状態」を生き方全体に還元する認識論に抵抗することを提案する。また、ハン・チェユンの論考は社会的弱者を被害者としてのみ理解し、被害者に堂々とすることを要求しながらも支配規範に逆らわないことを願う、被害の「飼い慣らし(domestication)」問題を扱う。その点で、ハン・チェユンの論考は「マイノリティ＝弱者＝被害者」という公式に対する問題提起でもある。

# 7

ルインの論考は韓国で出版された本では初めて「パニック防御」の問題を扱う。この論考は、被害と加害という問題に対する新しい思考法が要求される事件を扱っている点で注目すべきだ。「パニック防御」ほど被害者誘発論の害悪を生々しく証明する事例もないだろう。「パニック防御」とは、ゲイ／トランスを殺した殺人犯が法廷で自分の犯罪行為を弁明する際に使う戦略的な言説だ。彼らは相手のジェンダー・アイデンティティまたはセクシュアル・アイデンティティのせいで自分がとても驚いたために、突発的に殺人を犯してしまったとしたうえで、自分の犯罪行為は「パニック」の結果なのだから「正当防衛」だったと主張する。「パニック防御」という加害者の自己正当化戦略は、マイノリティに対する嫌悪を正常な心理的反応であると承認する社会を前提にしなくては成り立たないという点で、非常に「普遍」的な問題だ。加害者は被害者のジェンダー・アイデンティティあるいはセクシュアル・アイデンティティを知ったことによって、加害行為が衝動的に「誘発」されたと言う。しかし彼らは「すでに」知っていた。これは、嫌悪の感情が暴力の原因なのではなく、嫌悪は事後的に構成されるという点を明確に示している。

しかしルインは、パニック防御戦略を禁止して問題を解決しようという類のアプローチを警戒する。加害者が自分の行動をパニック防御として説明しようとする試みは、支配的な社会規範の事後的な適用ではなく、支配的な規範が構成される過程そのものである。自分が女だと思った相手にペニスがあることを知って殺人を犯すほどのパニックに陥るということは、言い換えれば異性愛ー男性性がいかに脆弱なアイデンティティなのかを明らかにしている。加害者は殺人まで犯したのに反省しない。殺人という行為は、異性愛ー男性性を自然で望ましいアイデンティティとして規範化しようとするジェンダー二元制と異性愛中心主義によって正当化されもするからである。しかし、まさにそれゆえに正当化の危機が到来する。著者がパニック防御を、嫌悪の情動や差別の政治としてではなくジェンダー二元制を支配的な規範に仕立て上げる試みとして解釈する理由は、ジェンダーをめぐる支配的な規範の変化可能性を探るためだ。すなわち、支配的な規範が殺人者の言い訳として引用される時ほど支配規範が不安定になる瞬間があるのか、ということだ。

## 8

フェミニズムは常に連帯の政治だった。しかし新自由主義時代の現象だろうか、この連帯の政治を否定するフェミニズムが登場した。フェミニズムの大衆化以後の「驚くべき」現象だ。この者たちは被害女性たちの現実に「まず注目せねばならない」と言い、「女性優先」の政治を主張する。長い間、フェミニズムは男性中心の社会運動においていつも副次的な問題として扱われ、「後回し」にされてきた。チョン・ヒジンは、「女性優先」を叫びながらも自分以外の女性たちには「後で」と叫ぶ女性たちに問う。誰が「本当の」女性なのか。何が最も深刻な被害なのかを誰が決めるのか。優先順位は社会正義とどのように結びつくのか。チョン・ヒジンは、このような現象は男性政治の模倣であるだけでなく、新自由主義時代における自我の概念の変化とともに、フェミニズムにもそれぞれの自己責任で生きろ（各自図生）という時代が到来した結果であると言う。これを究明するために、彼女は資本主義の歴史と自我概念の関係、特にネットメディアの政治経済学を分析し、フェミニズムが自己解放の政治学ではなく自我実現の道具になったのではないかと憂慮する。フェミニズムはアイデンティティの政治の磁場の中で、女性が互いを同一視する政治的戦略を取ってきたが、その一方でこの戦略を絶えず警戒し省察してきた。どのような女性に同一視するかは、常に権力の問題だったからだ。白人女性なのか、異性愛者の女性なのか、若い女性なのか、それとも非障害者の女性なのか。誰が女性の「基準」なのかという問いは、フェミニズム理論の歴史そのものだ。

もちろん、チョン・ヒジンはアイデンティティの政治としてのフェミニズムは男性中心的な普遍性に「差異」を提起することで、「人間＝男性」ではないことを主張するラディカルな政治であったし、現在もそうであると繰り返し強調する。アイデンティティの政治は、抑圧されている個人が抑圧されている集団に自分を「所属」させる過程であり、こうして構成された社会的弱者のアイデンティティは、新しい共同体を作る根拠になる。これは、国家を中心に据えて政治を思考することなく、社会を民主化する過程である。しかし、アイデンティティの根拠が被害にとどまってしまえば、女性たちは苦痛の大きさを競いあって被害を資源とする男性社会の求めるジェンダー役割を遂行する主体と化してしまうことを忘れてはならないと主張する。この論考の要旨はこうである。フェミニズムは被害者アイデンティティの政治ではない。そして被害もまたそれだけでは事実にはならない。現在の「#MeToo」運動のように、被害者が自分の被害経験を語ることは事実の公表というよりも「言説的実践」である。そしてこの言説的実践が社会正義として受け入れられるときに初めて、社会の変化は可能になる。

## 9

「トランス叢書」企画を通しての読者との出会いも、これで三冊目である。「トランス叢書」に参加することは、それぞれの筆者が個別に論考を書くよりもはるかに時間がかかる。「トランス叢書」のメンバーは、この「非効率的な」知識生産方式を維持できるのか、いつも懐疑の念にとらわれた。特にこの本を出すのは私たちにとってかなり勇気がいることだった。この本に掲載される論考のために、筆者たちは何度も様々なバージョンを書き直す「重労働」を繰り返した。この「はじめに」もまた、トランスの他の本のようにメンバーの共同作業を通じて無数の添削と修正を経た。誇張なしに言えば、被害による苦痛を言語化し、それを再び知識の領域にすることは「生まれ変わるほど」大変なことだった。しかし苦痛なく得られる知識はない。この本を出してもよいのだろうか。私たちは最後まで悩んだ。読者の応答を通じて対話と討論が続くのを待ち、ここで筆を擱(お)く。

筆者たちを代表して、クォンキム・ヒョンヨン

二〇一八年二月

目次

『参考文献なし』準備チーム 081

## 第2章 文壇内性暴力、連帯を考え直す

# 第3章 マイノリティは被害者なのか
## ——カミングアウト、アウティング、カバーリング

ハン・チェユン 127

## 第4章 被害者誘発論とゲイ／トランスパニック防御 ルイン 167

# 第1章

# 性暴力の二次加害と被害者中心主義の問題[1]


## クォンキム・ヒョンヨン

『二度とそれ以前には戻らないだろう —— 進化するフェミニズム』、『いつもそうだったように道を探し出すだろう』、『女たちの社会』を書き、『韓国男性を分析する』、『オンニネ(姉さんの)部屋』(1, 2)、『被害と加害のフェミニズム』(本書)の編著者であり、『#MeTooの政治学 —— コリア・フェミニズムの最前線』など多数の共著がある。韓国性暴力相談所、オンニネ(姉さんの)ネットワークなど女性運動団体で働き、いくつかの大学で女性学を教えた。性と暴力のジェンダー政治学が主要な関心事だ。

# 1 はじめに

## 沈黙が声になって出るとき

何人かの女性が集まって話をしていると、時々こんな夜がやってくる。お酒も入って話が盛り上がり、いつになく心の防御壁がゆるんで密かな話がこぼれ出してくる夜。性暴力の話は、そんな夜によく登場したものだ。そんな夜が過ぎゆくと、誰もが飲み会での話を蒸し返すのはマナー違反だと言って「昼の人生」を生きていった。長い間、性暴力は都市伝説の素材になったり、田舎の小さな村のひそひそ話の中にだけ存在する話だった。世の中が変わっても当事者が名乗り出てくることは稀で、以前より話す機会が多くなったとは言え当事者の声が社会的言論を形成することはめったになかった。どれだけ稀だったかと言えば、女性団体が「性暴力生存者の語りの大会」を開いたほどだ。このイベントはもともと公論の場を作るための企画だったが、参加者たちが望んだのは安全な空間だった。事前申請を経て参加者を制限するなど、幾重もの安全のための措置を施したうえで、ようやく参加者の募集が可能になった。(2) 二〇〇三年のことである。

今、状況は変わった。性暴力の被害当事者がインターネットで自分の被害経験を直に語ることは、それほど珍しくない。特に二〇一六年の江南駅殺人事件（二〇一六年五月十七日、江南駅付近のトイレで二〇代の女性が待ち伏せしていた男によって殺害された事件。女性嫌悪殺人事件に衝撃を受けた女性たちを中心に、韓国社会における女性嫌悪が注目され、フェミニズムが大衆的に広まった）以来、はっきり変わった。江南駅殺人事件以降、憤った女性らは、誰もが様々な集会でマイクを手にして、日常で経験した性的攻撃についての経験談を溢れんばかりに語った。個人によるものだけでなく、特定集団の内部で起こった女性嫌悪や性暴力問題を告発する声が、「〇〇内の性暴力」「〇〇内の女性嫌悪」というハッシュタグをつけて連続したこともあった。当事者の声に共感する人々が中心となって、オンラインの連帯と支持が組織されるという変化も生まれた。[4] 彼らは「性暴力の生存者であるだけでなく、性政治を主導する直接行動主義者」[5]として大衆の前に立った。

　規模と大衆性の面で、このような前例なき性暴力被害の告発が可能になったのは次のような三つの理由がある。第一にインターネットという物的条件が成熟したこと。第二にＳＮＳという新しいメディアが登場したこと。第三に江南駅事件をきっかけにしてネット上のコミュニケーションに長けた女性「大衆」が直接行動に出たからだ。この三つが相乗効果を生み出した結果、二〇一六年から二〇一七年にかけて、ＳＮＳを使った性暴力被害の告発が相次いだ。二〇一八年一月には、現職の検事が直接メディアに出て自らが検察内部で受けたセクハラの被害と被害後に受けた不利益について告発したこともあった。ならば、被害の経験を簡単に語れなかった過去とは異なり、話すことができるようになった現在は、果たして状況がよくなったのだろうか。私は、被害者が自らの被害事実を直に語り、そのような被害についてもうこれ以上沈黙しないと支持を表明する人々の連帯が、以前よりよい方向に一歩進んでいるということに異論はない。しかし暴露の後には長い道のりがあるということも知っている。

被害者が自ら問題提起をせざるをえない状況は、それ自体が非常事態であり、システムに対する信頼が崩れたときに起こるものだ。被害当事者の声で直接語ることで初めて変わるものがあるという点で、被害者の直接行動主義は非常に強い力を持つが、その分当事者に多大な負担を負わせる。すべての被害が公論の場できちんと語られるわけでもない。沈黙ももはや答えではない。「アナウンサーになるためには、すべてを捧げる覚悟をしろ」という言葉を冗談めかして投げつけた政治家はセクハラで有罪判決を受けたが、その言葉を直接聞いた、マスコミへの就職活動を準備していた大学生たちは、実際のところ一言の謝罪すら聞くことができなかった。当時、ある記者は私に、その大学生たちは記者を志望しているのにもかかわらず勇気を持って問題提起をしなかったとして、彼らの記者としての資質を疑うとまで言った。被害者を非難し孤立させる機制はこのように多様なのだ。

## 語り、以後

それでは自分が受けた被害を語るとどうなるのか。事件が発生してすぐに告訴をした被害者は、どうしてそんなにマニュアルのように完璧に対応したのかと捜査機関から疑われたりもする。時間が経ってから被害事実を証言すると決心しても、被害者の勇気に対する激励がもらえるのはわずかの間である。ほとんどの被害者は名誉毀損と虚偽告訴だという脅しを直に受けて苦しめられ、暴露したのには何か意図があるのではないかと疑われたりもする。

被害事実の公論化に加わった支持者たちも困難に直面する。勇気を出して行動したことへの対価が身の上の脅威につながる社会で、被害者は自分を支持し連帯した人を最も憎んだりもする。被害者が連帯者に対して、あなたたちは私の被害を掲げて社会正義を確認しようとしたのではないかと非難することは、私もよく目撃し経験したことでもある。性暴力事件被害者の支持者と連帯者たちは、自分たちが性暴力問題を公論化しようとする目的で、一人の人間の不幸を手段にしたのではないかと、自問し続ける。実際、ある人に「もともと友人や家族でもないのだし、社会正義のために連帯するのは当然のことなのに、なぜそんなに自分を責めるのですか?」と尋ねたとき、「そんなことを言ってもいいのですか?」と驚かれたことがある。絶えず被害者を非難し疑う文化の中で被害者とともに手を取り合って前に進むことは、かくも難しい。そしてまさにこうした文化の中で、「被害者中心主義」という言説と「二次加害」という用語は、被害者を守ることのできる唯一の対抗言説の地位を保っている。

被害者たちは言う、「私たちの声を聞け」と。これは、被害経験に対する被害者の解釈をそのまま信じようという意味ではない。結論から言えば、被害者の言葉が無条件に正しいと信じたり、被害者を無条件に支持する態度こそ、被害者の他者化だと私は考える。被害者に被害状況を独占的に解釈する権利を与えたり、被害者に加害者への処罰の程度を決定する権利があるという考えは、被害者を社会の同等の構成員として尊重しないことである。被害者は完全無欠な存在ではない。これは純真無垢で無害な被害者像を強要する社会に対する批判でもあるが、被害者を保護対象としか考えない支持者と連帯者も耳を傾けるべき言葉だ。被害者の代わりに代理人が乗り出して被害者の要求事項を伝える形式のはざまで、往々にして被害者は疎外され代理人は消耗してきた。私が性暴力事件解決のための専門家諮問を要請されて事件の資料を検討しに行ったところ、真相調査報告書がないケースもあった。依頼者たちは真相調査の過程で「二次加害」という問題提起があったから調査を中止したが、自分たちは「被害者中心主義」に基づいて問題を解決したいのだと述べた。通常ならば性暴力事件は事件として受理されたのちに、被害者、加害者、周囲の人々の順に供述を聞き取り、事件に該当するそれぞれの供述を総合して真相調査委員会が事件を解釈し判断を下す。この解釈と判断の過程で被害者の立場を十分考慮するのが原則だ。しかし、極めて基礎的な調査さえまともにできていない場合もあった。

以上の状況を総合してみると、現在の性暴力に関する言説は性暴力を「社会的な問題」として位置づけることに失敗していると私は考えた。「個人的なことは政治的なこと」というのはラディカル・フェミニズムのスローガンだった。このスローガン通り、性暴力は個人の悲劇ではなく、女性たちが主に経験する集団的な問題と認識され、明るみに出された。しかし、その後が問題だった。性暴力関連の法制度を制定し実行することは非常に重要なことだが、それだけでは根本的な変化はありえない。純潔神話とレイプ文化が強く結びついている社会で、ほとんどの女性たちはレイプ被害者になれない。被害者が酒を飲んだり、夜遅く外出したり、加害者と知り合いだったり、私的空間に出入りすることを許していたりした以上は。多くの女性は、依然として自分の行動にも責任があると考えるがゆえに（なぜ私はそこに行ったのだろうか、なぜその場で拒否しなかったのか、どうして何もしないという相手の言葉を信じたのか）、性暴力の被害を訴えない。こうしたことのために、性暴力を当事者間の法的紛争として扱うことを超えて、何がなぜ問題なのかについての社会的議論が必要なのだ。

しかし、女性に対する暴力問題を扱うフェミニズム認識論は、「個人的なことは政治的なこと」というスローガン以降、膠着状態に陥った。法言説を中心とした被害者権利言説は、問題を政治的なことから再び個人のレベルへと移動させ、性暴力に対するフェミニズム的判断基準として提示された「合理的な女性」や「被害者観点」などは十分に正当化（justification）される過程を経ないまま、「被害者中心主義」のような名前で規範化された。フェミニズムの知が持つ対抗言説としての特性が認められる代わりに「被害者中心主義」という新しい道徳主義がその位置を占めることになったのだと私は考える。ここには共同体内部で問題を解決しようとした左派（運動圏〔社会運動に携わる人々〕）が性暴力問題を「解決」するためにフェミニズムの知を機械的に適用したという問題がある。

集団の大義または組織の安寧のために被害そのものを明るみに出せなくさせた運動圏内部の家父長制問

題は、二〇〇〇年代に集中的な批判の対象になった。その結果、性暴力問題は隠蔽されるというよりは、積極的に「管理」され始めた。「二次加害」という用語と「被害者中心主義」という言説が、特に左派（運動圏）によって積極的に取り入れられ、適用されるようになった。その結果、「二次加害」という用語は真相調査自体を不可能にする方法として濫用され、「被害者中心主義」という言説は被害者の主観的感情に過度に独占的権威を与える方法として誤用された。公論の場で合意され更新され続けねばならない性暴力の判断基準をめぐる議論は、なかなか進展しなかった。これまでの判断基準は、性別、階級、年齢などによる権力関係において、弱者の位置にいる人の肩を持つ方式（「被害者中心主義」）であった。しかし、立ち位置自体が直ちに被害の根拠になるという考えでは、権力関係を変化させることはできない。むしろマイノリティや弱者という立ち位置を盾にしているという理由で（「被害者コスプレ」という悪意に満ちた言葉が如実に表しているように）マイノリティや弱者に対する嫌悪がさらに猛威を振るうようになったと私は考える。

ただし、本章が二次被害問題の深刻さを曇らせたり、加害者中心社会の中で加害者の立場を擁護していると誤読されたり、加害者の肩を持とうとする目的で使われないことを望む。(5) 加害者側に合理化の武器を握られるかもしれないという懸念のため、私は本章のようなものを書いてもいいのかと長い間悩んだ。韓国社会で起きている性暴力事件の大半は、依然として被害者の言葉が無視され、事件が隠蔽され、特に組織内部で事件を処理する場合、加害者は何ら打撃を受けずに済む。にもかかわらず、本章を書く理由は、被害者の勇気ある直接行動によって変化の可能性が開かれても、その後に問題が解決されるどころか加害者たちが被害事実の真偽を疑う世論を作ることに成功したり、相次ぐ暴露によって疲労感だけがたまり問題は何も解決されないということが繰り返されているためだ。被害者を非難する文化は依然として力強い。しかし、問題の隙間から滑り落ちた被害者と、被害者に寄り添おうとした連帯者が谷間で道に迷ったとき、反撃（backlash）はより激しく舞い戻ってくるものだ。反撃に屈することなく、新たな変化の流れが続いている今こそ、性暴力反対運動の「内部」にとどまっていた議論[6]を公論の場で討論することが可能だという期待を抱いて本章を書いている。そこで問うのは次の二点である。第一に性暴力被害についていかに語り[7]、聞くのか。第二に二次加害禁止と被害者中心主義という原則は、果たして社会に変化をもたらすことのできる戦略なのか。

## 2 「二次加害」という問題設定

### 「二次被害」という問題

「二次被害」という問題から検討してみよう。性暴力の二次被害[8]は、性暴力問題をその他の暴力と区別する重要な問題だ。ここで「二次」という意味の「second」は、「social」すなわち「社会的」という意味と混用される。性暴力の二次被害は、別の言い方をすれば「社会的レイプ（social rape）」と呼ばれる。性暴力が他の犯罪による被害と区別される特異な点は、人種、階級、国籍といった他のいかなる種類の周辺的位置よりも、性別、性経験、服装などが、有罪判断の根拠として強く作用するという点だ。この部分こそ性暴力が他の暴力と異なる地点であり、被害者のほとんどが女性である理由だ。

刑事司法手続きの過程において警察が被害者の言葉を信じず、調査過程で被害者が疎外と排除を経験し、法廷で加害者の言葉を根拠にして判決が下されるという一連の状況を、すべて二次被害と言う。イ・ミギョンによれば、性暴力被害者たちが最もよく経験する二次被害は次の通りである。第一に被害者非難、合意があったと嫌疑をかけられること。第二に無視、誠意のなさ、不親切、否定的見解。第三に合意の強要。第四にプライバシー侵害、身辺への脅威。第五に手続きや案内の告知不足。第六に陳述の繰り返し、信頼関係のある人の同席拒否、虚偽告訴だという脅し。[9]この中でも最も頻繁に発生し、解決が難しいのは第一と第二で、二次被害を予防するための法的保護装置が設けられたのは第三から第六までだ。家族など周囲の人の助力を得ることができない状況に置かれた被害者は、家族以外に友人や専門機関の助けが得られるべきである。これが陳述助力人制度〔性暴力や児童虐待の被害者が満一三歳未満の児童あるいは意思疎通の困難な場合、調査および裁判の前段階で彼／彼女らが必要とする意思疎通を専門家が補助する制度〕を導入した理由である。捜査から裁判に至るまでの期間、各手続きごとに必要な情報から被害者が疎外されないよう告知義務が定められた。しかし、被害者に最も深刻な苦痛をもたらす非難と噂の問題は、このような法的措置では解決されない。名誉毀損や侮辱罪で告訴をしても噂は静まらない。二次被害は被害者を非難する文化そのものがなくなってこそ解決できる。

被害者を非難する文化は、性暴力事件の解決過程全般にわたって大きな問題を引き起こす。このような文化においては、被害者の大半は家族の助けを求めることが難しい反面、加害者の積極的な助力者はほとんどが家族だ。私もまた事件解決を支援する中で何度もひどい目に遭ったことがあるが、加害者本人よりも加害者の家族の方がひどかった。加害者の家族は加害者の代わりに土下座をして懇願したり、ただではおかないと被害者を脅したりもした。被害者が事件を家族に知られたくない場合、このような脅迫は全くもって致命的だった。それだけでなく、被害者を保護すべき捜査機関が「合意しろ」と、加害者に被害者の個人情報を流出することも頻繁に起こった[10]（これは事実上の犯罪教唆行為だ）。被害者が医療措置を受ける過程で適切な配慮も説明ではなく「からだをみだりに投げ出した」などと言われたり、メディアが事実関係を報道する際に加害者の立場だけを伝えて被害者を事実上の美人局扱いしたり、扇情的な表現で事件そのものの焦点を撹乱することもまた、被害者を非難する文化の産物である。すなわち、二次被害とは一次被害の問題を解決する過程で、性差別主義や性に関する誤った通念によって被害者が直面する不当なことの総称だ。また、二次被害は、性暴力がいかに他の暴力一般と異なるのかを知らしめる尺度のようなものでもある。

性暴力は、異性愛中心主義の問題であり、ジェンダー権力関係の問題である。男性も性暴力の被害に遭うだとか、セクハラは権力関係の問題だという言葉では、性暴力がどうしてジェンダー間の権力の問題であり、異性愛中心主義の問題なのかが説明できない。これは、男は被害者になりえないだとか、女性は加害者になりえないという意味ではない。そのような事件は文化的に「正当化」されない。たとえば、男性と男性の間で起きた性暴力事件の被害者について「彼が被害に遭うのも当然だった」と非難する文化はない。職場での女性上司による性的嫌がらせを告発した男性職員には、男性性をめぐる苦闘や烙印が待っているかもしれないが、「あれだけの大仕事をやってきた女だから、そんなこともあるよね」などと言われることはない。つまり、性暴力二次被害は、女性の体とセクシュアリティを男性の目によって評価して調整しようとするジェンダー権力関係が作動して「正当化」される過程全般にわたって起こるのだ。このような文化の中で、被害者は隠れて沈黙し、問題解決ははるか彼方に遠ざかる。法的な解決を模索することにも限界がある。このようなときに登場したのが「二次加害」という用語だった。

## 「二次加害」という用語の使い道

「二次加害」が文書上で公式化されたのは二〇〇五年以降だ。二次加害条項を初めて明文化した全国金属労働組合（以下、金属労組）では、二次加害を一次加害と同一の処罰対象として扱っている。[11] この規定によると、性暴力の二次加害とは「加害者または第三者が精神的な脅迫や物理的な強圧または他の手段で被害者を苦しめる行為であり、加害者が被害者との接触を試みたり、加害者に同調する言動、事件を縮小・隠蔽・歪曲するための言動、被害者に密かに危害を加える言動など、被害者に再び被害を与える行為」のことだ。金属労組をはじめとする労働者団体や大学生組織、市民社会団体の一部でも、二次加害に関する懲戒措置を規約に明示している。これらの団体は性暴力事件に対する告発が受けつけられれば、ほとんどの場合、法の力を借りずに内部規約と規律を通じて問題を解決しようとする。そこで、次のような疑問と反論が提起されてきた。なぜ性暴力という犯罪を、捜査や裁判という司法体系を経ずに解決しようとするのか。私的な復讐に帰結させず、組織レベルで正義を実現できる道はあるのだろうか。加害者と被害者が属する組織に問題解決の意志があって内部で懲戒手続きを実行したとしても、加害者は承服せずに解雇無効訴訟を起こしたり、懲戒撤回を要求する行政訴訟を起こしたりもする。そのため、性暴力問題は共同体の規約ではなく、法廷で解決しようと主張する人たちもいる。

しかし、問題はそう簡単ではない。まず韓国では、レイプ事件が成立する条件として、暴行や脅迫を伴う強制力の行使がなければならないという「最狭義説」を依然として採っている。最狭義説によると、抵抗の証拠が身体に残るほど強く拒否の意思を表現した場合に限って、レイプと認められる。したがって、証拠中心に有罪かどうかを判断すると、ほとんどの事件は「証拠不十分」となる。ほとんどの性暴力事件で証拠の採用が困難であるにもかかわらず、証拠主義と最狭義説に固執する裁判所に対して世論の批判が高まったのも無理はない。そのため、最近では最狭義説を固守せず、一貫性のある供述、信頼に足る情況、拒否意思を表現したか否かなどを考慮して有罪判決を下すケースが次第に増えている。

ところが、最も保守的な法廷でさえ徐々に有罪判断の狭小性に対する判断基準を変化させている状況において、証拠主義を掲げている団体がある。当該団体は二次加害と被害者中心主義の弊害を指摘して「証拠主義」を主張している。被害者の陳述を持続的に否認し、加害者の陳述を擁護してきたことで知られる団体である。同団体では加害者を擁護するため二次加害と被害者中心主義の問題を提起し、代案として証拠主義を提示している（加害者を保護しているうちに、司法よりも保守的な判断をするようになったという点で、彼らは反面教師の最も克明な事例だと言うにふさわしい）。

改めて強調すると、被害者を非難する文化は韓国社会に広範に広がっている。被害者は派手な身なりをし、注目を浴びたいという欲望にとらわれた、公私の境目をわきまえない危険な存在であり、意思表現があいまいで未成熟な人、あるいは「妖婦」（ファム・ファタール）として描写される。つまり、信用できない人というイメージだ。こうした社会で唯一の「合理的」な解決策は被害者の沈黙である。これこそが、性暴力犯罪が統計でしっかりとらえられない理由だ（暗数犯罪）。被害者を非難する文化の中では、膨大な規模にのぼるレイプは思うがままに行われ、簡単に隠される。届け出があって明るみに出た被害のケースに限っても、二〇一四年の米国では一八歳から二四歳の間の女性一一万人がレイプの被害に遭った。韓国の場合、二〇一五年に有罪判決が出たものだけを対象にしても、約二万一千人がレイプおよびレイプに準ずる被害をこうむった。通報率、起訴率、有罪判決と実際の発生率とに大きな隔たりがあるにもかかわらず、ここまでの数値に達している。二〇一二年に発表された資料によると、米国でのレイプ事件の申告率は五〜二〇%、起訴率は〇・四〜五・四%、実刑判決の比率は〇・二〜二・八%である。レイプ加害者の九〇%が法の網を免れているのである。[12]

レイプが簡単に隠される理由は、加害者が被害者の近くにいて、被害者が危険にさらされているためだ。二〇一五年の性暴力実態調査によると、レイプは知り合いが加害者である割合が非常に高く（七七・七%）、レイプ発生場所の一位は加害者あるいは被害者の家であり（三六・六%）、レイプ被害女性のうち六三・一%が一九歳未満の時に被害を受ける。[13] これだけ被害の規模が大きい犯罪なのに、依然としてレイプはファンタジーや冗談の対象になり、文学的隠喩として使われる。被害者の自作自演のような極めて例外的な状況がまず想像されたり一般的な常識として認識される反面、被害者が感じた混乱は同意の証拠として受け止められる。このような状況で「法律で解決しろ、警察に行け」と言うのは、被害者にとっては「あなたの言うことは聞きたくない」と聞こえるだろう。

被害者は時間と健康から評判と人間関係に至るまで、ほぼすべてを犠牲にする覚悟で法廷に立つ。裁判にまで至らない理由はまだある。法廷では、有罪を判断する際、最も保守的で厳しい基準を採択している。第一に相当な理由（probable cause）があってこそ起訴する。第二に「合理的な疑い（reasonable doubt）」の余地のない証明がなされてこそ有罪である。[14] 第三に被害および加害の当事者は必ず特定されなければならない。つまり、法廷ではレイプ「犯罪」を扱うのであって、レイプ「文化」を処罰することはできない。レイプという犯罪をなくすためには、必ずレイプ文化を変えなければならないが、法廷で文化を処罰することは不可能だ。これが共同体レベルの解決が依然として私たちの選択肢の一つであるべき理由である。

## 「二次加害」という用語の限界

性暴力問題を解決するためには、三つの角度からのアプローチが必要だ。すなわち法的処罰、社会規範の変化、個人の治癒である。共同体における解決は、このうち社会規範の変化のために努力することに当たる。一九九四年に「性暴力犯罪の処罰及び被害者保護等に関する法律」（以下、性暴力特別法）が制定された。現在、韓国の性暴力に関連する法制度は、世界のどの国にも引けを取らない水準である。しかし第一線にいる大多数の担当捜査官の認識水準は「一般市民」の人権意識水準にすら満たない場合が多い。制度と認識のギャップがあまりにも大きい。教育を通じて「ＮｏはＮｏだ」「同意のない性関係は性暴力だ」と教えられているにもかかわらず、裁判所でも日常でもこうした教育内容が適用されることはめったにない。このギャップを解消するためには、社会構成員たちの自発性を引き出す柔軟な規範（soft law）の役割が重要だ。社会制度内の振る舞いの規則である柔軟な規範は、法的拘束力を持たない代わりに一定の間接的効力を有する。[15] 二次加害を禁止する規定が実定法の限界を補いうる柔軟な規範の性格を持つためには、これが新たな社会常識にならねばならない。そして新たな社会常識が作られるためには、実定法と文化の間をつなぐ「信頼できる社会」がなければならない。

ところが「二次加害」という用語が本格的に使われ始めた二〇〇〇年代以後の韓国社会は、残念なことに新自由主義が拡張の一途をたどった時期だった。つまり「社会」が崩壊した時期に最も社会的な方式の解決策が導入されたのだ。「二次加害」と「被害者中心主義」という用語が一種の「運動圏の方言」のように特定の共同体の中でのみ通用する概念として多少肥大化するかたちで発達したのは、このような状況的条件のためであった。

しかし特定の共同体の中ではあるが、「二次加害」という用語は明らかに効果をもたらした。労働組合の内部で性暴力事件を長年にわたり担当してきたキム・スギョン全国民主労働組合総連盟（民主労総）女性局長は、被害者を非難する文化に対するいかなる教育や警告にも耳を貸さなかった組合員たちが、二次加害者を処罰するという規定を施行するや初めて口をつぐんだと、この規定の有用さを明らかにした。[16]しかし、事件が起きた場所が、民主労総のように社会的紐帯に基盤を置く強力な共同体でないケースでは、「二次加害」という用語が強い拒否反応を呼び起こし、むしろ逆効果になった。特に流動性の高い大学生の組織や、党員たちの自発的活動によって運営される地域の党員協議会のような自治組織で二次被害を誘発した加害者たちを処罰することは、現実的にとても難しい。彼らは行方をくらませるか、組織を脱退した。いわゆる大義を共有する共同体文化の外では、そもそも議論の対象にさえならなかったのだ。

二〇〇〇年代中盤から最近まで、私は「二次加害」問題に関する相談の要請に応じてきた。被害者は問題解決の過程で新たな問題が次々と発生するや、問題提起したこと自体を後悔していると語り、支持者と被害者の代理人は被害者中心で事件を支援しなければ二次加害者になりうるという恐怖に苛まれると語り、二次加害者と名指された人たちは事件についての意見を口にするだけで加害者になるのは不当だと主張した。そしてほとんどの事件は、被害者、代理人、加害者が次々と組織を離れる形で片づいてしまった。二次加害を禁止してはみたものの、実際には効力がなかったのだ。

本書第5章の筆者でもあるチョン・ヒジンは、女性に対する暴力問題の解決が難しい理由の一つとして、この問題が被害女性個人の苦痛よりも、その女性が属した集団（男性）の名誉と関連づけられてきたためだと指摘している。[17] 集団の名誉を汚した女性に生存権を与えない社会で、性暴力問題を表沙汰にするのは不可能だ。一九九七年のＩＭＦ以後、韓国では新自由主義体制が全面化し、いかなる集団も、家族も、社会も、共同体も、持ちこたえることができず相次いで崩壊していった。自己責任が唯一の生存原理となった社会で、どこにも属することのできない女性は、汚される名誉もないため、もはや沈黙する理由などない。語れないようにしたのが社会規範の力であったならば、語れるようになったのには社会崩壊という状況があった。このような文脈で「二次加害」という言葉は、被害者を非難する文化に対抗する「個人」の戦略として、ＳＮＳを介して徐々により頻繁に使われるようになった。

「二次加害」は次第に「二次被害」にとって代わり始めた。「二次被害を受けた」と言う代わりに「二次加害者は誰某」と言うようになった。この二つの表現は全く違った効果を生み出す。前者は二次被害という用語に内包された概念と事例に集中させ、後者は誰が加害者であるかに焦点を当てる。すなわち「二次加害」という用語には加害者を特定する力がある。「レイプ文化が問題だ」と言う場合よりも、「あなたこそが問題だ」と言うほうが、より確実な規制効果を生み出す。つまり、二次加害という言葉が注目させるのは、まさに加害を犯した行為者その人である。先に説明した通り、民主労総のように共同体の規約に対する忠誠度（?）が高く、構成員たちに影響力を発揮できる組織であれば、二次加害と言うことだけでもある程度の規制効果がある。討論するより「確実」だ。しかし、このような影響力を行使しえない組織では、「二次加害」に言及することはむしろ問題をより悪化させた。そのような場で加害者として名指された人たちは、自分たちの間の結束をさらに強固にし、被害者を孤立させた。

最近のSNSは匿名の暴露空間となり、そこでさらに多くの関心が得られれば公論化に成功するという公式ができあがった。性暴力事件が発生したという問題提起に賛同する人たちが加害と被害のフレームを作ることに集中している間に、この問題提起を受け入れられない人たちは意に介さず被害者を侮辱する。ジェンダー感受性が高いと自負する労働団体、人権団体、学生団体が、厳しい基準で性暴力に対する内部規範を強化しているとは言え、この規範が社会全体に通用する新たな常識になるのは難しい。私が思うに、「私たち」（この表現をともに使用していた責任感を込めて言うならば）が集中してきたのは、性暴力をめぐる支配的な規範（男性中心的な性文化、家父長的社会構造など）を変えるために新たな規範を作り出すことだった。しかし、新たな規範が社会全体の常識にならない限り、既存の規範はなかなか時代遅れにならない。

性暴力問題の核心は、解釈をめぐる闘争である。ところが、被害者の主観的判断に解釈をすべて委ねるのであれば、性暴力は一体いかにして社会的問題になることができ、性暴力に抗う政治はいかにして構成されうるだろうか。これは、被害者の言葉が本当なのかどうかを徹底的に調査しようということではない。むしろこれが意味するのは、私たちが判断し介入しうるフェミニズムの政治としての反性暴力運動は、被害者と加害者の陳述についての解釈闘争の領域だということであり、「二次加害」という言葉は被害者中心主義と結合して、そうした解釈闘争を不可能なものにしたということである。

## 3 被害者中心主義と判断基準

### 被害者中心主義、被害者観点

被害証言を解釈する今までの原則は「被害者中心主義」だった。この用語は二〇〇〇年代の運動圏の中で起こった性差別と性暴力を問題化する過程で使われ始めた。それは加害者中心文化が蔓延している状況に対応するために用いられた「文脈における知」の結果だった。[18] 人々は被害者中心主義を次のように誤解している。第一に被害者に事件に対する判断基準のすべてを委ねること、第二に被害者に加害者への処罰水準を決定できる権限を付与すること、第三に被害者に被害経験を独占的に解釈できるようにすること。三つとも事実ではない。被害者中心主義という言葉自体がしばしば「被害者は正しい」という命題だと言う誤解を生む。このような被害者中心主義は「被害者観点」という言葉をより強調したものにすぎない。実際に「被害者中心主義」という言葉によって生じうる上記のような誤解を正すために、「被害者観点」と呼ぶべきだと、性暴力反対運動に関わる主要な女性団体が提案したこともあった。

では、被害者観点とは何か。「被害者観点」の判断基準をめぐる議論は「合理的な女性」概念の論争から始まった。この論争の要旨は、「合理的な人間」の代わりに「合理的な女性」を、セクハラ事件の判断基準に据えようというものだ。既存の私たちの社会では、合理的な人間は男性であると見なされてきた。男性上司のセクハラは、一般常識や慣習の中で起こりうることとして取り扱われた。韓国で初めて法廷で争われたソウル大学教授のセクハラ事件で、第二審の判事だったパク・ヨンサン判事は一審の有罪判決を覆して無罪を宣告した。彼は無罪判断の基準として「一般常識」を提示した。被害者が訴えた教授の問題行動は、男性教授社会においては「常識の範囲内にある」というのだ。ジェンダーと職位で有利な位置にいる人の観点が「一般常識」になるわけだ。「被害者観点」はまさにこの「一般常識」の男性中心性を相対化するために登場した概念である。

「合理的な女性」の観点で考えようという言葉は「認識における積極的差別是正措置[19]」を意味する。積極的差別是正措置（affirmative action）とは、クオータ制や加点制のような特別の支援によって、不平等を是正しようとする戦略のことである。人種的、階級的、性的不平等が長年にわたり累積している場合には、差別を禁止し、同等の機会を提供するだけでは不平等は解消されないがゆえに、結果の平等を達成するために積極的差別是正措置のような戦略を政策として施行するのだ。「認識における積極的差別是正措置」をセクハラの判断基準に導入しようという提案は、男性中心主義に基づいた家父長制社会が、性的嫌がらせに対する女性の経験と判断を排除し無視してきたという現実を認め、「合理的な女性」の観点を導入しようということだ。こうした「合理的な女性」の観点は、一九九一年の米国のエリソン対ブレイディ判決[20]で初めて適用された。これによると、合理的な女性の観点は、特定の行動に対するそれぞれのジェンダーの観点の違いを分析する必要があることを前提とし、「合理的な女性ならば十分に深刻だと感じる行動なのか?」という問いを基準として判断することだ。たとえば職場内のセクハラの場合、長年にわたって職場の女性たちが被ってきた経験と彼女らの観点に基づいて判断基準を定める方が、男性たちの定める基準よりもより正義に近く合理的であるという仮説を立てるのである。この観点は極めて文脈依存的だと言うほかない。被害者の言葉が絶対に正しいとか、とにかく女性の側につかなければと主張するのではない。これまでの経験と歴史の中で被害経験に関する知識が蓄積されてきたことで、セクハラの被害についての判断は、男性よりは女性の位置から、上司よりは新入社員の位置から見定める方が、より正義に近く合理的だという意味だ。職場内の権力関係や、当事者が属している社会的集団などを考慮し、被害者の立場に立ってみることが、社会正義により適っている。この観点はすべての加害−被害事案に共通するものだ。

ただし、「合理的な女性」という言葉には、女性を同一の利害関係を持つ同質的な集団であるかのように想像させてしまうという限界があるため、「合理的な被害者観点」という言葉に替えて使おうという提案もあった。しかし、女性というジェンダーを特定することは依然として重要だ。私たちの社会では今もなお性的な行動と表現にジェンダーによって異なる基準を適用する。セクハラに遭いやすい服装と行動についての指摘は主に女性に向けられており、セクハラの加害行動は男性の観点から理解しうる行動として叙述される(「男ならそんなこともするさ」「男たちはいたずら半分にそんなこともするさ」「会社での男なんて所詮みんなそんなものさ」)。このような社会では性暴力被害に関する知識を蓄積してきた女性集団こそが、この問題を合理的に判断することができる。被害者の九五%を女性が占める社会では「合理的な被害者観点」をそのまま「合理的な女性」の立場と見ても差し支えない。男性を排除しているとも思われるかもしれないが、現実にはむしろ少数の男性被害者の立場をよりうまく代弁するためにも用いられる。たとえば、男性新入社員が会社のトイレで上司から言葉によるセクハラ(「君、その小便の勢いは何だね」)に遭う事件があった。被害者は男性だが、男性がこの問題を被害者の立場からまともに判断することは、むしろより困難である。男性のほとんどはこういうことをセクハラと見なさないか、男たちの間で起こりうる親密な冗談と考えるからだ。しかし、女性たちは違う。女性たちはこの事件をセクハラと考える可能性がより高い。女たちの社会ではセクハラ被害の前後の状況に対する情報がまとまって共有されているため、性的羞恥心を感じさせる攻撃的行動がどのようなものなのかについて、感覚が鋭敏に発達している。このような合理的な女性の観点、あるいは合理的な被害者の観点のようなフェミニスト立場理論（feminist standpoint theory）は、現在も使用される「被害者中心主義」原則の軸になる認識論だった。

## 狭義の当事者性にとらわれること

しかし明らかに限界もある。女性と言っても皆同じ立場でもなく、周辺的な位置にいるからといって弱者の側にいるわけでもない。女性は明らかに家父長制の中で男性と比べて周辺的な位置にいるが、だからといって周辺的な位置自体が認識論的特権を保障するわけではない。マイノリティと弱者という、女性の位置に対する女性自身の集団的な政治的覚醒が起こらなければの話である。女性だからといって、同一の状況での被害／加害をおしなべて同じように判断するわけではない。年齢や職位、そして文化的背景や家族文化などによって、女性たちの意見の違いは少しずつ明確に現れ始めている。

今までは女性たちの間の差異に関係なく、女性なら誰でも女性に不利な性規範によって沈黙を強いられてきた。そのため沈黙を破って言葉を発することは、リスクを振り払って行動に移したこと自体が「真実」である可能性を高めてくれた。このように周辺的な位置の認識論的特権は「発見」の文脈において適用される。周辺的な位置においてのみ発見できる問題があるではないか。立場を替えて見るまでは決して知りえない事実がある。身分制社会や、人種差別と性差別が制度的に非常に強固な社会であればあるほど、周辺的な位置でのみ得ることのできる知があり、差別や暴力といった出来事の何が真実であるかは、周辺的な位置においてより一層合理的に判断することができる。

性暴力に遭ってもそれが性暴力かどうかわからなかったり、性暴力だと言えなかった時代には、被害を被害だと「言葉にする行為」自体が「被害があった」という発見の脈絡につながりうる。しかし言葉にすることの条件が変化した現在は状況が異なる。言葉にする権利が「民主化」され、発言の主体が必要に応じて匿名で隠されうるような条件の変化は、発言できなかった状況があった時代よりも、発言の主体に「正当化の義務」をより一層厳しく課す。純潔神話の規範的な力が弱まった半面、男性社会の美人局恐怖はより一層強化された。なぜ今になって言うのか、他の目的があるのではないか、あのとき言えなかった理由は何か、警察に行かず世論の力を借りようとする理由は何か、被害者の証言が信じるに値するのものなのか等を見極めようとする世論の検証は、以前より厳しい。しかしある程度の検証ができれば、被害者の直接行動は社会全体の意識変化を牽引しうるほど大きな力を発揮する。近年の「#MeToo」運動のようにだ。

しかし、反社会的な社会で個人の権利を叫ぶのは空虚なことだ。フェミニズムは「女性に同等の権利を与えよ」という主張ではない。フェミニズムでは「女性に同等の権利が与えられることこそが社会正義だ」と言う。ともすれば同じ主張のように聞こえるが完全に違う言葉だ。私たちの社会では、依然として権威主義に基づく集団主義が共同体を営むために必須の原理だと考えられている。皮肉なことに、組織と集団の安寧を優先する場であればあるほど、個々人は互いに信頼し合わない。感覚が鋭い人は組織文化の雰囲気を気まずくすると非難され、個々人は競って組織に忠誠を尽くす。民主的な市民として互いに対等に向き合う訓練ができていない集団は、文字通り「反社会的」だ。こうした集団の中では個人同士が連帯したり、共同の責任を負う事は不可能だ。そのため、性暴力問題を被害者と加害者間の紛争としてのみ見てはならない。

被害者と加害者だけが関連する「狭義の当事者性」を克服できなければ、性暴力は再び個人の問題になり、個人の苦痛あるいは不幸になるのみだ。性暴力をめぐる闘争は「誰が見ても常識的にそんな行動をしてはならない」という新たな常識を作っていく闘いでなければならなかった。だからこそ、被害者の主観的感覚は加害者中心社会で事件を判断する際に重要な参照事項であり証拠として使うべきだと、フェミニストたちは主張してきた。しかし、被害者の主観的感覚が唯一の判断基準になってはならない。被害者には当然、自身の経験を主観的に解釈する権利があるが、その経験を公論の領域に持ち込む場合には、正当化の義務を負うことになる。フェミニズムはその正当化の過程における解釈闘争に連帯する言語であって、無条件に誰かの肩を持つ言語ではない。もしそうなれば、皆が手を挙げて被害者だと言うこと以外にはいかなる語りも不可能となり、結局誰も話を聞かなくなる。また、未熟な対応や遅れが、いかなる文脈で起きるのかを見極めることなく、すべてを「肩を持つ政治」にしてしまう。私はこの肩を持つやり方こそフェミニズムの政治から最も遠いものだと考える。

## 判断基準ではなく解釈方法としての状況に置かれた知

被害者中心主義は、あたかも被害者の言葉が直ちに真理であるかのような錯覚を呼び起こした。それは誤解だとしてもこの言葉が与える効果はそれだった。皮肉なことに、被害者の言葉が唯一の解釈であると権威を付与した結果、残ったものは被害者尊重ではなく被害者になる競争だった。被害者になる競争の文化においては、より正確で詳しい説明よりも、より強く直覚的な反応を引き起こす言葉が好まれた。セクハラからレイプに至るまであらゆる被害は本質的で同質的なものとして扱われ、文化と犯罪は次第に区別されなくなった。すべての女性は潜在的被害者であり、男性中心社会では合意されたセックスとレイプが区別されないというキャサリン・マッキノンの主張は、[21]「レイプ文化」の存在をショッキングに想起させるものとして効果があったかもしれないが、実際のレイプ事件の個別被害者にとっては助けにならなかった。女性に対する犯罪の専門家であるジョディ・ラファエルは、すべての女性がレイプされたと暗示することは実際のレイプ被害者に対する侮辱であるのみならず、レイプの蔓延および、その酷い実像をむしろ矮小化する重大な誤謬だったと指摘する。[22]

むしろ私たちは、何が性暴力で、何がそうでないのかを判断できるような絶対的な基準はないという点を認めるところから話を始めるべきだ。私たちの主張はいつでも文脈依存的であり、「状況に置かれた

（situated）」ものだ。その際に、状況に対する相異なる解釈を許容し、その解釈が自身の置かれた位置でどれほどよく考え抜かれたものか、同時にどれほど説明に対する責任を果たそうとしたかが（事実としてではなく正義としての）判断基準になることができる。

ダナ・ハラウエイが主張する状況に置かれた知としてのフェミニズムの特徴は、次のようなものである。第一に視線は部分性（partiality）あるいは偏向性を帯びたものであるということを前提に、第二に特定の場所に基盤を置いた知識（located knowledge）を追求し、第三に身体に具現された語り（embodied account）を責任（accountability）もって提供することだ[23]。

性暴力の判断基準に状況に置かれた知の概念を適用すれば、次のような解釈が可能になる。たとえば、「同意の有無」を強力な基準にすることを前提にして、双方の陳述を聞くことだ。性関係における同意は相互的に成立する。一方が同意し、もう一方は拒否した場合、同意が成立したと見なせない。同意の下で性関係を持ち、後で性暴力だと届け出た場合は、二つの可能性を考えてみることができる。まず、一方の拒否の意思表示をもう一方が同意と錯覚したか無視した場合であり、次に、拒否の意思表示がなく同意が明らかだったのに後で届け出て別の利益を得ようとした場合である。後者は詐欺か脅迫、あるいは虚偽告訴罪が成立する犯罪であろう。レイプ文化において圧倒的に多く登場するのは前者だ。「すでに以前セックスしたことがあるのに、毎回聞かなければならないのですか？　いやだと口では言っても体が避けていなかったなら、それは同意なのではないのですか？　はっきりとあちらからよいと言って始まったことなんです」などなど。このような言葉はすべて「同意したと思った」という言葉、つまり「同意ではなかった」という意味である。説明に責任を持てない加害者の卑怯な弁明にすぎない。

また、合意した性行為であったことを主張し、美人局論を展開する者たちは次のように言う。「ラブホテルまでついてきたなら同意したということじゃありませんか」「先に触ってきたのは向こうだったんですよ」「セックスの途中でやめろと言われてやめることができるなら男としてちょっと問題があるんじゃないですか」「向こうも俺も両方酒に酔って起きたことなんです。責任があるとすれば二人ともあるでしょ」などの言葉はレイプではなかったという抗弁だが、実際には合意が成立していなかったという「自白」だ。レイプが何であるかを知る者たちには、これはとても単純な問題だ。セックスの途中でやめろと言われても続けたなら、それはまさにレイプだ。酒と眠りに落ちた相手に対してこっそり性器を挿入したら、それはまさにレイプだ。両手をつかんで体重をかけ逃げられないようにして口をふさいだら、それはまさにレイプだ。しかしレイプとセックスを区別できない者たちには、これはとても難しい問題になる。男性の性的欲求はあまりにも強力で、いかなる場合にもやめることはできないというふうに描写される。断言するが、そんなことはない。万一ほんとうに一度火がついた性衝動を制御することができずに、身体や精神に大きな支障をきたすのなら、それは病であるから、ぜひ、病院で診てもらうことを勧める。

状況に置かれた知のもう一つの長所は、レイプとレイプ文化の両方に問題を提起できるところだ。性文化に対するフェミニズム的問題提起が法中心的な議論で適用されるのは困難だ。法中心的な議論においては、同意や抵抗にばかり関心を向けるので、性的欲望の構成や実行の過程で作用する権力について言及できる場がない。これまで、レイプではないかもしれないが相手に全く配慮しないセックス、自分の欲望解消にのみ関心のあるセックスには、問題を提起できなかった。異性愛男性の欲望を物神化する社会においてセックスは何でもないことになるか、あまりに絶対的なものになっていたからだ。

## 4 問題はレイプ文化だ

### レイプ文化を問題にする新たな認識論

例えばこんな風である。作家Aがいる。彼は作家志望者たちに暇さえあればセックスをしようと言う。時にはそれを授業と呼び、しばしば恋愛だとも言った。自殺の試みは彼にもってこいの武器だった。お前が来なければ今すぐ死ぬかもしれないという内容のメッセージを、高い建物の屋上を暗示する写真とともに送りつけたり、不幸な自分の個人史を持ち出して一度だけ抱きしめて欲しいと執拗に哀願し、意のままにならなければ息も絶え絶えになるふりをする演技も天下一品だった。彼の嘘はいつもばれるのだが、自殺の試みを繰り返すほど精神的に不安定だという理由で、人々は彼の嘘をやすやすと赦した。作家Aの嘘が「詩であるとして許容」された一方で、作家志望者たちのためらいは同意の証拠になった。なぜ彼が作家志望者に会うたびにそんな事態が起こるのかを誰も問わなかった。彼がセックスをしようとせがむメッセージを数十回も送ったり、自殺するという脅迫を繰り返したことは問題にならなかったが、作家志望生が彼の無事を願ったり慰めの返信を送ったことは問題になった。法廷は、こうした返信を理由として強制的な性関係とは言えないとした。繰り返された哀願と脅迫はありふれた求愛行為と理解され、年齢、ジェンダー、権威のような権力関係が作用しうるすべての条件は強制性の根拠にはならなかった。その代わり、ためらいと混乱、ときには落ち着かせるために取った行動は同意の証拠になった。

セックスはよいことで、願いさえすればできるという考えが変わらない限り、レイプ文化は変わらない。レイプ文化の中で育ったほとんどの男性は相も変わらずセックスはよいものでたやすいことだと考え、レイプは難しく複雑で輪郭がはっきりしないものだと考える。本当に同意したのかがどうしてわかるのか？ 聞いてみればいい。後で気が変わったらどうする？ 気が変わったらやめればいい。女が先にやろうと言ったのに、男はやめにくくないか？ そんなことはない。望まない性関係ならいつでもやめられる。相手の気持ちが変わったらやめるべきだ。セックスの原則は簡単だ。嫌だと言われたら、すぐにやめるべきだ。同意を強力な基準と考えるなら、レイプかどうかを判断するのに複雑なことは何もない。レイプの判断基準は、思ったより簡単だ。私たちを複雑にさせているのは、レイプ文化とセックスの間にある距離の近さだ。

セックスは性的欲望を「解消」することではなく、性的欲望を「追求」することだ。セックスを性的欲望を解消することだと考える人ほど、セックスとレイプを区別できない。いや、より正確に言えば、セックスと「排泄」、セックスと暴力を区別できないのだ。レイプ文化の利用者であるとともに、その伝播者でもある者たちは、異性愛男性中心の陳腐な脚本を準備し、その脚本通りに行動すればセックスができると考え、セックスというものは望みさえすればいつでもできる簡単なことだと考える。しかしセックスは思ったよりもずっと難しいものだ。望んでしたとしても、いくらでも失望するものでありうるし、後悔することもある。レイプ文化にどっぷりと浸かっている「加害者志望生」たちは「興奮させておいて心変わりするなんて、自分も被害者だ」などと嬉々としてのたまう。状況に置かれた知は、レイプとセックスの間に存在する問題について「部分的な」知(レイプでないとしてもそれはほんとうに平気なことか?)を許容し、現在の文化的変化を反映する言語、すなわちレイプ文化に抵抗する言語を提供できるのだ。

## レイプ文化とは何か

それでは一体、レイプ文化とは何か。インターネット上には女性に無視されるかもしれないと、先に悪態をついて「タフに見られ」たい「若い男性」たちが掲示板の文化を主導し、レイプ文化の代表的な捕食者として生きてゆく。「彼らが驚いて跳び上がるようなことを言うならば」、彼らはおそらく「ばれないレイプ」の実際の加害者である可能性が高い。作家ジョン・クラカワーは実際に起きた性暴力事件を幅広く調査し、次のような重要な発見をした。レイプ被害はすべての女性に一種の普遍的神経症が生じるほど広範囲に発生するが、実際にレイプという行為は男性の間にそれほど広範囲に広がってはいないということだ。統計によれば、レイプ犯として起訴された加害者たちは以前にそれぞれ一四件以上の「ばれないレイプ」を犯していた。すなわち、少数の捕食者がレイプ文化を男性の普遍的な文化として合理化しているということだ。[24]そのため女性がいくら性暴力の被害を広範囲に受けているという統計に言及しても、男性文化ではその被害規模とレイプの統計を信じない。自分の周辺にはレイプ犯はおらず、「最高のセックス」をした英雄たちがいるだけだからだ。問題はその「最高のセックス」経験のうちの多くが犯罪とつながっているという点だ。言い換えれば、レイプを「文化」として楽しんでいるのである。被害者非難の文化がなくならないのは、まさにこのためだ。「レイプ文化」においては、自分を被害者だと主張する女性は存在しえない。

レイプ文化とは、男性に性的攻撃性を奨励し、女性に対する暴力を支持し、性的暴力を正常なことだと思わせる（normalize）一連の信念を意味する。例を挙げれば、米国の少年文化においてレイプは、正常な少年であればしばしば経験する成長談として奨励されてきた。[25]韓国でも違いはない。二〇〇〇年代中盤以降、

DCインサイド〔韓国最大の掲示板サイトの一つ〕の大学掲示板では「戦争が起きたら○○学科の××をレイプしたい」という内容の掲示物をたやすく見つけることができた。そしてこうした掲示板文化は大学内の匿名掲示板と団体チャットルームへ引き継がれた。[26]「レイプ」が男同士で楽しむスリリングな遊び文化の一種として「正常化」されたのだ。

こうしたレイプ文化においては暴力自体がセクシーなものとして扱われ、性暴力はセックスという冒険に不可避に起こる小さな失敗として矮小化される。不特定多数が何の問題意識もなく享有するレイプ文化は、男性中心の社会で遊びの文化として承認される。レイプ文化はレイプに成功できる戦略を拡散させ続け、セックスとレイプを本質的に類似したものに作り上げる。しかし、こうしたレイプ文化に慣れきっている男性たちは、「レイプ文化」という言及自体が男性を潜在的加害者として扱い、男性の名誉を傷つけるものだと抗議する。K大学のフェミニズムサークルで「レイプ文化の撤廃」を掲げたところ、「わが校のどこにレイプ文化があるのか？」と同大学の男子学生らが反発する事件もあった。[27]レイプ文化は罪意識なしに快楽として消費され、正常な社会生活として享有される。このように強力なレイプ文化を変えようとするなら、特定の人物に目をつけたレイプ謀議を法的に処罰すべきのみならず（法的アプローチ）、大々的なキャンペーンと教育（社会規範の変化）、女子学生の学習権の確保と治癒とカウンセリング・プログラムの提供（個人的治癒）などが必要だ。これらのうち、特に社会規範の変化という領域にフェミニズムの政治が関心を示すのは、当然の帰結であろう。

レイプ文化をすべて法的処罰の対象にすることはできないので、法廷ではないところで新たな試みをしてみることが重要だ。実際、多くのフェミニストが、警察に依存するよりは自治の力で自分たちの共同体をよりよい場所にしていける方法を模索してきた。社会を問題解決の対象であるとともに主体と呼ぶことが可能になるためには、社会自体に問題を提起しなければならない。そうした問題提起の一環として、一九九四年に性暴力特別法が制定されたのとは別に、一九九六年から各大学のフェミニスト組織は大学当局に学則制定を要求した。一九九七年、釜山の東亜大学で、女子学生会の建議を受け入れた性暴力に関する学則が大学としては初めて制定された。当時、東亜大学の学則は性暴力の類型をレイプ、準レイプ、痴漢、性的侮辱の四つに分類した。性に関する執拗な冗談や女性の身体的部位をほのめかす言動を性的侮辱と規定し、身体接触などを痴漢と規定することで学則による加害者処罰規定を設けた(28)。

## 権利、義務そして社会的つながりという問題

フェミニストたちが主張したジェンダー感受性を受け入れた大学や企業、政党や団体などの場合、法廷が要求する強力な証拠主義と一貫性のある陳述、状況上の整合性とは異なる基準を適用することもあった。この原則に従って、大学や公共機関では、被害者が提示した証拠が信憑性のあるものであり無罪よりは有罪に近いと判断されれば、懲戒手続きを始めることができた。この場合、立証責任は刑事事件に比べて軽

いが、その代わりに処罰もまた、謝罪文作成からジェンダー教育受講命令まで比較的軽いものである。法廷まで行かなくても大学や職場で適切な処置が取られさえすれば、被害者の人生において性暴力事件が与える苦痛は明らかに軽減されうる。立証責任が相対的に「軽い」からといって、検証しなくてもよいということではない。このとき関連調査の原則は「信頼しつつも、検証せよ」だ。

社会規範の変化のための試みとして最も注目すべき出来事は、二〇〇〇年に行われた進歩陣営内の性暴力を暴露する「運動社会の性暴力根絶一〇〇人委員会」（一〇〇人委員会）の活動だった。一〇〇人委員会は組織の保全のために個人を犠牲にしてきた歴史や、運動社会内での女性活動家に向けたジェンダー分業と性的嘲弄、あるいは恋人や母親のような役割を公然と要求する性的搾取文化を問題提起した。これを契機にして相次いで暴露された個別の性暴力事件は、市民社会の無能と無知をさらけ出すのにとどまることなく、より根本的な問題、すなわち運動社会内部の組織原理が相互依存に基づく社会的繋がりではなく、女性に対する搾取を基盤とした男同士の連帯だったという事実を白日のもとにさらけ出した。

問題は、その次に起きたことだった。問題提起のインパクトを強めるために考案された言葉（「被害者中心主義」など）が、事件解決の原則としてマニュアル化して使われ始めたのである。結局、変わったのは社会ではなく、問題解決の方法だった。つまり、一〇〇人委員会以前は性暴力事件を大義のために隠蔽してもかまわない些細な問題として扱ったならば、一〇〇人委員会以降、性暴力事件は大義のために管理されて解決すべき問題となった。一〇〇人委員会が問題だったという話ではない。性暴力問題を集団的に告発する社会運動が起こったにもかかわらず、韓国の男性中心文化は根本的な体質改善に失敗したということだ。これは市民社会に限ったことではない。学内のカウンセリングセンターや職場でのセクハラ担当係、あるいは軍隊内の訴願受理(陳情投函箱)などを通して届け出られた性暴力事件は、苦情処理の対象となり、処分を決定するマニュアル化された手続きに放り込まれた。進歩的な市民社会ではより一歩前に進み、性暴力問題解決のための原則として被害者の権利と構成員の義務を強調する。被害者を支持し、性暴力問題解決のために連帯することは、構成員としての「義務」になった。カウンセラーと支援者には秘密保持や申告の義務が付与され、加害者には自身が犯した犯罪行為に応じた罰を受けねばならないという義務がある。ひとり、被害者だけが義務ではない権利を申し立てることになる。問題は、そうなると被害者だけが共同体の中で異質な人として孤立するという点だ。

私はまさにこうした二元化が市民社会内で被害者を二重に排除する力学の中に押し込んだと考える。「被害者中心主義」と「二次加害処罰」という原則に従って、支持者と加害者は共同体が提案した義務を実行することにより、それぞれ傷ついた共同体へと復帰することが可能だが、被害者は市民社会の構成原理である社会的つながりと共同体の公共善を実践する個人として存在しえない。(29) 被害者が自らの被害を訴えると同時に、「他の人にも同じような被害が起こらないため」と言って、共同体の一員として発話するのは、そのためでもある。しかし、被害者のこうした倫理−政治的決断は決して共同体に十分に伝達されない。性暴力を管理し、解決しようとする手続きの中で、被害者はもっぱら被害を訴える被害者としての役割だけを要求される。対等な市民としての権利と義務を負った個人であるにもかかわらず、「被害者という役割」の中で被害者はひたすら被害者としての権利だけを、特別で異質なふうに主張する人として映ることになる。私はこれこそがまさに権利の形式を帯びた他者化だと考える。

## 5 おわりに——被害者の権利から皆の義務へ

### 「私だったかもしれない」と「私はあなただ」

二〇一六年五月一七日に起きた江南駅殺人事件は韓国社会を転換させる事件だった。江南駅世代を名乗る二〇代の女性たちは、この事件を経験する以前には決して戻れないと言う。匿名の個人に起こった死が自分と深く関連しているという自覚が生じるということは、死を媒介とした共同体的感覚を喚起する魔法の瞬間だ。哲学者アルフォンソ・リンギスは、生活と言語と概念を分かち合う多数の個人の集合としての共同体ではなく、単独者として迎える個人の死の瞬間、そばにいてあげたいと思う気持ちから人間という共同性が想像されると言う。江南駅にポストイットを貼りに出かけた者たちのほとんどは、江南駅殺人事件の被害者を個人的に知っていたわけではない。[30] 当時、ポストイットに書かれた言葉はコミュニケーション行為としての言葉というよりは、自らが今ここ（江南駅）にいたという証拠としての言葉であり、「私は生きていて、あなたは死んだ」という状況をアイロニーとして経験する言葉だ。コミュニケーション行為としての言語は「自分の目にするものと考えることを客観化し、それを共通の合理的な言説によって言い表し、語られるべき内容の代表者ないし代弁者として、他者と同等かつ交代可能な人間[31]」たらんと追求するものである。しかし、ポストイットに込められた哀悼の言葉は、何も共有しない他者の死を前に、私の「生きている」という状況を記入する（「私は偶然生き残った」「女だから死んだ」「私だったかもしれない」「私はあなただ」）。これらの言葉は合理性という領域で発話されたものではなく、（合理性という言語で捕捉しえない）真理という領域で発話されるものだ。このとき重要なのは、発言される言葉の内容よりも「私が存在して発言している」という事実そのものだ[32]。

事実、江南駅一〇番出口は遺族の感じた喪失を哀悼する場ではなかった。そこは「私だったかもしれない」という衝撃を受けた者たちが集まって哀悼と怒りをつなげる場だった。江南駅殺人事件以後に結成され、「江南駅一〇番出口」という名で活動してきたフェミニストアクショングループが一周忌の追悼式を準備する中で、遺族の苦痛を考慮しなかったとか、遺族支援団体であるかのように振る舞ったのではないかと問題提起をする者もいた[33]。しかし、このような問題提起は的外れである。江南駅で起きた殺人事件を哀悼する形式は、それ以前とは完全に異なる次元に置かれていたからだ。江南駅一〇番出口に到着したとき、私が見た膨大な量のポストイットは、まるでトラウマを抱え生存した者の自己告白に似た内容で埋め尽くされていた。「私はアウシュビッツで死んだ。しかし誰もそのことを知らない」と、アウシュビッツの生存者シャルロット・デルボが語ったようにである。江南駅で偶然知らない人によって悲劇的に殺害された匿名の二〇代女性は、ただ死そのものによってのみ記憶された。何も共有しない個別者の死であったが、その死はまた「私」の死でもあった。ポストイットに書かれていた「私だったかもしれない」というフレーズが生の偶然性と死の必然性に対する悟りを経由して、女性の生に対する自覚として、フェミニズムの政治として引き継がれたことは、ともすると必然的なことだったのではないだろうか。

「私だったかもしれない」というポストイットの隣には「私はあなただ」という文言もあった。私が常に殺されうるという自覚。女性を蔑視し、粗末に扱い、時には崇拝しながら、男性の他者としてしか存在できないようにする「女性嫌悪」社会が、まさにこの「通り魔殺人」の共犯だった。驚くべき政治的覚醒の瞬間だったが、自分が死にうるという可能性が実際に殺害された他者の場所を占有したことも事実だ。(34)「他者」が消え去り、その場所に(「あなた」と全く同じ)「私」が登場することで、実際の死はその場所から消え去った。哀悼の対象は他でもない「私」になった。「私」は「あなた」だからだ。このような認識において「私」と「あなた」が同一ではないと主張するすべての差異は消去されるべきものになった。女性の体で生きていくことは、すなわち、いつでも殺害されレイプされる屍体を目撃することと化した。その一方で、女性たちの経験の差異は、コルセットを脱げないことになったり、まだ目覚めていないことになったり、あるいは女性ではないからといって嫌疑の対象になった。偶然にも生き残った者たちが、自身の生に責任を持つために社会に声を上げた政治的瞬間は、明らかに「生き残った私は何をすべきか?」[35]という問い、すなわち生に対するものだった。しかし、「私はあなただ」と言う瞬間、死の共同体を通じて生を語ることができる政治的瞬間は消え去り、他者を存在しえなくする同一性の政治へと滑り落ちていった。

## 被害者の権利から皆の義務へ

女性が語れないようにする構造的な力が一部弱まったとき、語ることの意味もやはり変化する。また、語ったときに生じる危険と補償は以前と違って予測しにくくなる。「真実について語ること」は常に何らかのことを顧みないことだ。私たちは誰もが民主主義社会で発言する権利があると思っている。しかし、その言葉が社会が許容する領域を超える時にはいつでも追放されうる。[36]被害者として自身の被害について語るということは、自分自身に真実を語る権利があると主張する行為だ。広場では誰でも発言する自由と権利がある。しかしまさにそれゆえに、常に言葉は埋もれうるのであり、疑いをかけられることもある。

「真実について語ること」という行為を選択した者は必ずこのような試験場に足を踏み入れることになる。そこでの言葉はほとんどの場合、人々の考えを変えるのに「失敗」する。しかしごく稀に変化がもたらされる瞬間がある。フェミニスト詩人ミュリエル・ルキザは言う、「女性が自身について語り始めれば、世界ははちきれてしまうだろう」と。[37]

ある革命的可能性の瞬間が、新たな言葉を通じて広場に響きわたるときがある。しかし多くの場合、そのような瞬間はすぐに過ぎ去り、真実を語ろうとする奮闘に充満した被害者の声は、いつの間にか消え去った。代理人が登場し、被害者の声を「代わりに」伝達することが、まるでマニュアルのように通用したこともある（法廷ではないところでも代理人という形式を用いて被害者を保護しようというアイデアが採択されたりもした）。被害者に対する非難から被害者を保護するための窮余の策でもあったが、このとき被害者は「具体的な他者」であるよりは、抽象的な被害者一般として想像された。被害者保護という言説が、被害者の直接行動主義がもたらしうる力をより一層弱めたのではないか。もちろん被害者が直接公論の場に現れて自身の声で語ることだけが唯一の問題解決方式になってはならない。しかしこの間、被害者保護を中心として形成された言説によって、むしろ被害者の声が「まともに」伝達されなかったことだけは明らかだ。事実、私たちは被害者の声が「まともに」伝達されさえすれば、世界が本当に変わるということを目撃しているのではないか。

「私は人ではなく獣を殺した」と（加害者を二〇年が過ぎてから殺害した後に）語った児童性暴力被害者の声、「私の人生は一六歳、花のような年頃で終わりました。私の青春を返してください」という日本軍「慰安婦」の証言、「お前はいい暮らしをするだろう」と記したエリート大学内の性暴力被害者による学内抗議ポスター、「これをなぜ書いたのか、何が聞きたくて書いたのかわからないけど、とにかく話したかった」という職場内の性暴力被害者がインターネットに投稿した書き込み、「私が愛する文学はこんなものではない」という作家志望者の手紙、「私だったかもしれない」という江南駅に貼ったポストイット。これらの声は韓国社会を変えた。これらの声には共通点がある。彼らは反問や質問によって自分が属していた社会の崩壊を暴露した。これが職場なのか。これが大学なのか。これが韓国社会なのか。これが文学なのか。こうした声である。これらの声は二次加害と被害者中心主義という保護装置なしに、「自分自身の真実」を伝達しようとした。被害者の声を「あるがままに」聞く行為は、危険と補償のすべてに自ら責任を負うという被害者の決定を尊重することだ。被害者中心主義は被害者を他者化し、二次加害という言説は性暴力を再び個人的なものにする。被害者の声を聞くために、私たちは今まで属していると思っていた社会を考え直さなければならず、その声を通じて発見したことについて問い続けねばならない。社会が被害者の声を債権者の督促のように追及すれば、誰もその声を聞きたいと思わない。被害者が自らの被害について語るとき、私たちは共同体の構成員が自身の義務を果たしていると考え、その声を聞かねばならない。もちろん依然として多くの被害者は語らない。被害者の言葉を義務と考えようということは、語らないことにした彼らに負担をかけようということではない。これ以上何かを覚悟せずとも、語ることが可能になるべきだという意味だ。被害者が被害について語ることが共同体構成員としての「義務」であると当然にして考え、加害者には法廷被疑者としての「権利」があると認識する社会。私はそのような社会こそ被害者非難がなく、レイプ文化が消え去った「正常」な社会だと考える。

（1）本章を脱稿するまでには、多くの方の助力があった。二〇一七年五月一五日に開催された「二次加害と被害者中心主義の問題」に関する討論会をともに企画・発表した研究者仲間のチョン・ヒギョンとオ・ヘジン、突然の討論会提案にもかかわらず共同主催として参加してくれた韓国女性民友会、ともに討論をしてくれたキム・スギョン、キム・ジュヒ、キム・ボファに感謝を伝えたい。本章の草稿を読んで問題意識を応援し意見をくれた「ナムヨンピル〔木のえんぴつ〕」のイム・ユンヒ、二〇一五年以降のフェミニズムの政治と情勢についての観点を共有してくれたフェミモンスターズの活動家イ・ジウォン、文壇における性暴力の被害者に対する連帯活動の経験を共有してくれた「脱線」のオ・ピッナリの意見は論考のバランスを保つのに大きく役立った。特に、まるで互いの限界に挑戦するかのように討論してくれたトランスのメンバーたちがいなければ、本章は決して完成されなかったであろう。

（2）韓国性暴力相談所は二〇〇三年から二〇一七年まで、年一回以上、様々な規模で語りの大会を開催している。

（3）映画評論誌『シネ21』では二〇一六年一一月七日から二〇一七年一月一八日まで、一一回にわたって映画界内の性暴力問題に関する連続対談記事を掲載した。写真批評雑誌『VOSTOK』は「フェミニズム――反撃する女性たち」という特集を企画し、写真業界の性暴力事例に関するアンケートを掲載した（『VOSTOK』二〇一六年一一・一二月号、Vol. 1）。文壇内の性暴力問題については文芸同人誌（『もっと遠く』一一号、二〇一六年）や文芸批評誌（『文学と社会』二〇一六年冬号、一一六号、文学と知性社）などで企画特集の形で重要なテーマとして取り上げられたことがある。

（4）コドゥンオ他四二人著、韓国女性民友会企画『街頭に立ったフェミニズム――女性嫌悪を止めるための八時間、二八八〇〇秒の記録』クンリ、二〇一六年。

（5）本章の問題意識を発表した二〇一七年五月一五日に行われた討論会〔脚注1で言及されている「二次加害

と被害者中心主義の問題」討論会〉の当日も、加害者を組織的に擁護していると指弾された当事者団体がパンフレットを製作し販売していた。

（6）パク・ジュヨン「女性たちよ、世の中を変える時になった！——ミートゥー（#MeToo）運動が、タイムズアップ（Time's up）という実を結ぶまで」イルダ（http:/m.ildaro.com/8093）〔Time's up は「時間切れ、もうこれ以上待てない、変わる時だ」の意味〕。

（7）関連する議論は以下を参照のこと。チョン・ヒギョン「共同体性暴力以降、新しい関係を想像する」『共同体、性暴力に直面し、再び生きる方法——共生の条件』韓国女性民友会、二〇一二年、未刊行。ソンファ（民主労総女性委員会）「私たちは共有された記憶を持っていない」前掲書〔本資料は韓国女性民友会のホームページでダウンロードできる〕。

（8）二次被害という言葉自体は、犯罪被害者学（victimology）で初めて使われ出した概念である。刑事訴訟の過程で被害者の権利が度外視されてきた現実を反省するために作られた。

（9）イ・ミギョン『性暴力二次被害を通してみた被害者の権利』梨花女子大学博士学位論文、二〇一二年、五四頁。

（10）韓国女性弁護士会『性暴力二次被害予防のためのセミナー——捜査機関、裁判所、マスコミ、加害者などによる二次被害を中心に』韓国女性人権振興院、二〇一六年、一八-一九頁。

（11）全国金属労働組合『規約規定集』二〇一〇年。

（12）Kimberly A. Lonsway & Joanne Archambault, "The 'Justice Gap' for Sexual Assault Cases: Future Directions for Research and Reform", *Violence Against Women*, Volume 18 issue 2, pp. 145–168.

（13）二〇一六年性暴力実態調査（国家承認統計第一五四〇一二号）。

（14）ジョン・クラカワー『ミズーラ——モンタナ大学性暴行事件と司法システムに関するルポルタージュ』チョ

ン・ミヨン訳、ワンダーブックス、二〇一七、一一五－一一六頁〔ジョン・クラカワー『ミズーラ――名門大学を揺るがしたレイプ事件と司法制度』菅野楽章訳、亜紀書房、二〇一六年〕。

（15）イ・ホソン「柔軟な規範を通した腐敗防止のための透明性実践方案の模索――ＥＵロビー規制を中心に」『ヨーロッパ憲法研究』第一五号、二〇一四年六月、四七－八七頁。

（16）キム・スギョンの発言。『二次被害と被害者中心主義　討論会録音記録』二〇一六年、韓国女性民友会、未刊行〔本資料は韓国女性民友会のホームページでダウンロードできる〕。

（17）チョン・ヒジン「人権と平和の観点から見た女性に対する暴力」チョン・ヒジン編『性暴力を書き直す』ハンウルアカデミー、二〇〇三年、三四頁。

（18）この文脈に関してはチョン・ヒギョン「ずっと、最後まで、フェミニストで」『フェミニスト・モーメント』〔クオンキム・ヒョンヨン他著、グリンビ、二〇一七年〕に詳しく説明されている。

（19）チョ・スンギョン「性暴力被害事実の公開の公益的意味――性暴力関連法体系と法執行における積極的措置を提案しつつ」『性暴力加害者の名誉毀損、その問題とは何か』討論会資料集、〔二〇〇二年一〇月二二日〕、民主社会のための弁護士会女性委員会・性暴力加害者による反訴対策会議・性暴力追放運動に対する名誉毀損反訴共同対策委員会、一〇九頁。

（20）Debra A.Profio, "Ellison v.brady: Finally, A Woman's Perspective", *UCLA Women's Law Journal*, 1992, p. 251.

（21）Catharine A. Mackinnon, *Women's Lives, Men's Law*, Cambridge, Ma: Harvard University Press, 2005, p. 247〔キャサリン・マッキノン『女の生、男の法（上）』森田成也訳、岩波書店、二〇一一年、三三五－三三八頁〕。

（22）ジョディー・ラファエル『レイプはレイプだ』チェ・ダイン訳、クルハンアリ、二〇一六年、三八頁（リン・シーガルの再引用）〔Raphael, Jody. Rape is rape: How denial, distortion, and victim blaming are fueling a hidden acquaintance rape crisis. Chicago Review Press, 2013.〕

（23）Donna Haraway, "Situated Knowledges: The Science Question in Feminism and the Privilege of Partial Perspective", *Feminist Studies*, Vol. 14, No. 3. (Autumn, 1988), pp. 575–599〔ダナ・ハラウェイ『猿と女とサイボーグ――自然の再発明』高橋さきの訳、青土社、二〇〇〇年、三四九－三八七頁〕。

（24）Lisak, D., & Miller, P. M., "Repeat rape and multiple offending among undetected rapists", *Violence and Victims*, 17 (1), 2002, pp. 73–84.

（25）Myriam Miedzian, "How Rape Is Encouraged in American Boys and What We Can Do to Stop It", *Transforming a Rape Culture*, edited by Emilie Buchwald et al (Milkweed, 2004, revised edition).

（26）この部分は二〇〇七年にK大学在学中、当該コミュニティの掲示物と大学内掲示板に載った文章をすべて目撃したイ・ユリムの証言をもとに再構成した。二〇〇八年前後、大学内のコミュニティで仲間の女子学生に対し隠しカメラを含む性的対象化、遊びとしてのレイプ謀議、日常的な容姿の格付け、そして残忍なセクハラ発言が公然と起こっていた。当時の状況を詳らかにするためにはさらなる研究が必要だ。

（27）ポンム「あることをあると言わずに何をするのか」http://www.goham20.com/56541（二〇一八年一月七日参照）。

（28）「キャンパス性暴力学則初制定」『京郷新聞』一九九七年四月一六日。

（29）ジョヴァンナ・プロカッチ（Giovanna Procacci）によると、市民社会は「相互依存に基盤を置いた社会的繋がり」を土台として、「脱利害関係的な利害関係」という概念を通して社会的実践に個人の利害関係を統合しようとする（Giovanna Procacci, "Notes on the Government of the Social", *History of the Present*, Fall 1987）。翻訳は以下を参照した。http://blog.jinbo.net/chasm

（30）当時のポストイットの内容は次の本に記録されている。京郷新聞社会部事件チーム企画・採録、チョン・

ヒジン解題『江南駅一〇番出口、一〇〇四のポストイット』ナムヨンピル、二〇一六年。

(31) アルフォンソ・リンギス『何も共有していない者たちの共同体』キム・ソンギュン訳、パダ出版社、二〇一三年、一七五頁〔アルフォンソ・リンギス『何も共有していない者たちの共同体』野谷啓二訳、洛北出版、二〇〇六年、一五一頁〕。

(32) アルフォンソ・リンギス、前掲書、二〇頁〔日本語版、前掲書、三〇頁〕。

(33) このような問題提起を受け入れ、このチームは二〇一七年五月二三日、同名のフェイスブックのページに遺族の要請に従って今後「江南駅一〇番出口」という名前を使用しないこととし、遺族が受けた苦痛に対する配慮が足りなかったという内容の謝罪文を掲載した。現在このフェミニストアクショングループは「フェミモンスターズ」という新しい名前で活動を続けている。

(34) 当時、江南駅一〇番出口という団体を作って活動したイ・ジウォンによれば、追悼が始まって二日目から一部の男性中心インターネットコミュニティ利用者たちが、ポストイットを貼ったり読んだりしに来た女性たちを妨害する事件が起きたので、追悼の性格が変わったという。彼らが江南駅の追悼に賛同する女性たちの写真を撮って集会を妨害したので、参加者たちが次第に「被害者」と「私」を区分できなくなったという。

(35) 韓国女性民友会企画、クォンキム・ヒョンヨン解題『街頭に立ったフェミニズム』クンリ、二〇一六年。

(36) ミシェル・フーコー『談論と真実――パレーシア』オトロマン・シムセグゥアン、チョン・ヘリ訳、ドンニョク、二〇一七年、三四―三七頁〔ミシェル・フーコー『真理とディスクール――パレーシア講義』中山元訳、筑摩書房、二〇〇二、八―一二頁〕。

(37) スーザン・ブライソン『語れ、そして、もう一度生きよう』コプン訳、インヒャン、二〇〇三年〔Susan Brison, *Aftermath: Violence and the Remaking of a Self*. Princeton University Press, 2002.〕。

# 第2章

# 文壇内性暴力、連帯を考え直す[1]

## 『参考文献なし』準備チーム

文壇内性暴力被害者たちと連帯するために2017年に結成されたプロジェクトチーム。『参考文献なし』を企画・出版した。

# 1 はじめに――「脱線」、私たちが目撃した未来

二〇一六年一一月一一日、「脱線」[2]は「告発者5」を支持する声明文を発表するために記者会見を開いた。この記者会見はSNSで発生した文壇内性暴力の告発が、オフラインで引き継がれた最初の公的な場所だった。

会場の中は足を踏み入れる隙間もなかった。「脱線」メンバーと高陽芸術高校の学生、そして支援者でいっぱいだった。大勢の記者がカメラを設置していた。文芸誌の編集委員をはじめとする文壇関係者たちも参席した。

入ってもいいのだろうか。入ると決めて来たのだし、入るべきだと考えたのだが、足は簡単に動かなかった。会場の外壁にはポストイットが何枚も貼られていた。登壇（文壇デビュー）していない創作者たちが貼った、怒りと糾弾と支持と連帯のメッセージだった。そのメッセージを読んでいたら、作家仲間の一人が歩いてくる姿が見えた。彼女は頭をかがめてポストイットに「ごめんなさい……」と記した。

去る数か月の間、女性作家に会えば性暴力の話しかできなかった。そのように私たちを居心地悪くさせた人々の顔が浮かぶ。「性暴力ニュースのリンクをもう書き込まないでほしい。見るのが嫌だ。倫理的なふ

り、正しいふりをするのはもうやめてくれ」「傍観者という単語をもう使うな。女性であるあなたが自分を傍観者だと、加害に手を貸したのだと考えるなら、男性である私は一体いかなる存在だというのか？　怪物だというのか？」このような言葉を数えきれないほど耳にした。小説を書いていた仲間の言葉が思い出される。「本当に悪いのはその場にともに座って盛り上げていた男性の先輩たちだった。私たちはセクハラをされつつも、そのとき自分がひょっとしたら間違ったのではないかと、傍観したのではないのかと、泣いて震えながら何か月も自己検閲をしているのに。その男の先輩たちは苦しむどころか覚えてもいないだろうし」。

今、記者会見場に関する記憶は風景よりも声として残っている。「脱線」のメンバーと支援者たちの顔を正面から見られなかったからだと思う。支持声明文が朗読され始めた。朗読者の声が会場に朗々と響きわたった。

「加害者と名指された人に述べる。枠を壊すべきなのはあなただ」「想像力が不足しているのもまたあなただ」「あなたの謝罪文は自省がなく卑怯だ。それであなたの罪を隠すには、あなたの想像力は狭く、醜悪なかたちをしている」「詩人B、小説家C。私たちは文学になってお前の名前を噛み砕いて成長するであろうし、お前が目を背けたあらゆる場所にお前より先にやってきているだろうし、お前が踏みしめているどの足元にも文学になった私たちがうずくまっているだろう」「私たちは泥沼からも、アスファルトからも、這いだすだろう。私たちは、今始めた(3)」。

「脱線」のメンバーの名前が一人ひとり呼び出され、続いて加害者と名指された人に、高陽（コヤン）芸術高校に、文学と知性社[4]に、作家団体に、そして支援者たち自身に送る要求案が読み上げられた。腕をつたい鳥肌が浮き上がった。登壇した作家たちからは決して発せられることがありえず、これからも発せられることがないであろう言葉であった。文学はこの人たちのものだ、と思った。

その場で決して泣いてはならないと考えた。涙を流す資格はすでに文壇に登壇した作家ではなく、学生と登壇していない創作者にあると考えた。しかし次に続いた卒業生の自由発言を聞きながら、自分でも気づかないうちに涙が出てしまった。学生たちが証言する芸術高校と私が属している文壇の状況がめまいがするほど似ていると感じられたからだ。「学校では文学を教える講師が学生たちを評価する絶対的な権力を握っていた」「友達がともに勉強する仲間としてではなく競争者に見えた。学生はそれぞれ孤立していて、友達よりも教師に依存するようになった」「だから友人に被害が起きたことをそのときに気づけなかった」。涙をこらえるある発表者の言葉を聞きながら考えた。「どうしてこの学生たちがこれを知っているのか。この人たちがこんなことを知ってもいいのか」。そうであってはならない。文壇の濁った残酷な部分をこの人たちがすべて知ってしまう前に、登壇した作家たちは、文壇は、学校は何かをせねばならなかった。しかし、しなかった。横に座っている人がティッシュを差し出してくれた。彼女も泣いていた。記者会見が終わった。高陽芸術高校で詩を教えていた女性詩人が学生たちを抱いて泣いていた。学生もみな泣いていた。

## 2 「文壇」という家父長的社会

文壇は文学制度の場を意味する。文壇は緩い共同体なので実体が明確ではないが、文人たちはこの共同体の中で公私を越えて互いに密につながっている。文壇で作家として活動するためには登壇制度を必ず経ねばならない。登壇制度は新聞社が主催する新春文芸と文学専門出版社が発行する各種文芸誌の新人文学賞の二つで運営されてきた。この登壇制度は企業の新人社員採用制度とかなり似ている。新聞社や文芸誌が新人公募展を公示する。作家志望者が公募展に応募する。中堅あるいは大御所作家が審査委員を務める。最小でも数百倍の競争率を勝ち抜いて選抜された作家だけが新人として抜擢され、文壇活動を始めることができる。他の芸術界が新進作家のデビュー経路を多様化させてきたのとは異なり、文壇は、ほとんどの場合、システムとして稼働する登壇制度を経てのみ新進作家を許容してきた。登壇制度がかくも単一で頑固に作動しているということは、文学が人間の解放を追求せねばならない点と明白に矛盾する。また保守的であり時代遅れだ。作家ユン・イヒョンは韓国文壇のジェンダーについて次のように告白した。

私にとって韓国文学界の性別は男性です。「文学」を思い浮かべれば、特定の性別ではなく、それぞれの作家の個別作品が思い浮かびます。しかし「文壇」を擬人化してみれば、私にとってその性別は明らかに男性です。おかしなことです。私も女性作家なのに、こんなにたくさんの先輩後輩と仲間が女性作家なのに、なぜ文壇と言えば「私の世界」「私の領域」と考えた記憶を思い浮かべるのが難しいのでしょうか。なぜ私はそこでは女性としての自負心や誇りを感じられないのでしょうか。[5]

文壇の外に配置された、登壇制度を経ずに活動する作家たちは数多くの恩恵から除外される。文学系の出版社から本を刊行することが難しく、文学賞候補になることができず、公的支援金を受けることはもちろん国内外のレジデンスプログラムに参加するのに多くの制約がある。文芸誌は文壇を動かす最も基本的な媒体の役割を果たしてきた。文芸誌は登壇制度を経た作家に重点を置いて新作を依頼する。依頼を受けて発表した原稿がたまれば文学専門出版社から単行本を出版することになる。このようなコースが、登壇していない創作者はもちろん、ほとんどの作家たちにとって当然なものとして受け止められてきた。だからこそ登壇は作家活動の必須要因なわけだ。「作家志望生」たちは登壇制度を通過するために、芸術系高校の文芸創作科、大学の文芸創作学科、出版社や文芸誌が運営する創作教室で創作教育を受けている。文壇内性暴力を告発した者の多くがこの過程で被害を受けた。

私は自分に問うた。他の文人たちにも問いたい。登壇した文人たちが集まる場所に現れた「作家志望生」を差別的視線で見ていたのではないのか。文人仲間のヘイトスピーチと暴力に関する「作家志望生」の言葉を疑いを持たず聞いたのか。登壇という関門を通過してから、他の身分を得たと感じはしなかったか。登壇文人としての創作支援金とレジデンス滞在と出版に対する権利を享受しつつ、優越的地位に慣れていたのではなかったか。文学評論家として登壇していない人々が書いた評論を正統なものではないと誹りはしなかったか。作品を評価するうえで登壇したのかどうか、誌面、出版社を考慮しはしなかったか。(6)

性暴力加害者たちは自分が文壇で享受する影響力を被害者に見せびらかして抑圧した。被害者が被害事実を隠すしかないように権力を行使した。韓国社会で文学活動をするためには、文壇は唯一無二の選択肢だ。文学という夢を成し遂げるオルタナティブの地帯が皆無であるがゆえに、性暴力と闘おうとすれば当然文学を完全に放棄する覚悟をせねばならない。このように画一化された文人の制度的な生きざまが、加害と被害を可視化する際に最も大きな障害として作用した。

また性暴力を芸術的自由と等価であるとしたというところに芸術界内の性暴力の巧妙な特殊性が共通して存在する。「暴力を「詩的特権」で包装」し、「その特権を享受する者たちはそれを「ディオニュソス的なもの」であると」包装する。この「ディオニュソス的な面貌は他者、その中でもとりわけ弱者の前でのみ強く噴出される特徴」(7)を見せてきた。男性芸術家たちにとって規律の外に出るディオニュソス的祝祭は、ほとんどが女性を性的に搾取することを意味した。健康な市民社会精神とかくもかけ離れたところで、今なお前近代的芸術精神が具現されているのだ。高陽芸術高校講師の詩人Bの性暴力は、登壇制度から芸術精神に至るまで、文壇のあらゆる膿を、最も圧縮したかたちで示した。

文壇の制度的システムは大きく分けて六つの構成要素が互いに緊密に組み合わさって機能している。第一、新春文芸と文芸誌が毎年実施する登壇制度。第二、五〇〇あまりに達する各文芸誌の誌面。第三、文学作品を専門的に出版する大手出版社。第四、高校と大学の文芸創作学科、出版社が運営する創作教室を含むあらゆる文芸創作教育。第五、新聞社と出版社が主催するあらゆる文学賞。第六、韓国文化芸術委員会基金をはじめとする様々な公的支援金。

文芸創作教育を経て登壇し、登壇を通して文芸誌の誌面を得て、文芸誌を発行する出版社から著書を出版し、出版社が運営する文学賞を受賞する、というふうにだ。このようなつながりは文壇の権力を強固にするのみだ。とりわけ文芸創作教育の場合、芸術高校では大学入試を、大学では登壇を目的にした教育に重点が置かれる。登壇の可否を決定づける公募展の審査委員は文芸誌の編集委員であり文芸創作指導の講師あるいは教授だ。そしてまた文学賞の受賞者であったり審査委員でもある。彼らはほとんど公的支援金の恩恵を受けているか、選考委員になっている。一人がいくつかを兼任するので権力が集中し、その波及力も強まる。韓国の男性社会が常にそうであるように、この権力を行使する者たちは学縁と地縁と出版社が主催する酒席文化を通して人的ネットワークを形成してきた。学縁、地縁、酒席文化を通して権力を互換し、伝播し、世襲する。韓国の男性社会が常にそうであるように、このネットワークは道徳に対する不感症を義理として互換する通路になった。性暴力をはじめとする各種の非理は、なんでもないことのように発生し、なんでもないことのように隠蔽されるしかない。

また性暴力事件を処理する懲戒装置と紛争解決機構が文壇には皆無だ。懲戒装置と紛争解決機構が必要になることが一度もなかったのだろうか？　懲戒することと紛争を解決することがただの一度も起こったことがない純潔なる組織であったのか？　文壇は作家を懲戒する事件と解決せねばならない紛争の前で、毎度いかなる態度を取ってきたのか？　文芸誌が大々的に企画特集で扱って言説をかき集める程度がすべてだ。普段は大衆に無視されていた文芸誌が、そのときはいきなり販売部数を伸ばす。それで文壇はやることをすべてやったかのようだ。だから文学権力論争が沸き起こったときも、作家たちが性暴力の加害者として名指しされたときも、具体的に解決策を準備したことはない。私たちが体験したほとんどの問題はそのように簡単に処理されてよいものではなかった。そして文学は、いつも迅速さよりも慎重さを選択し、遠い未来のために動くものだという信念の中で、私たちがぶつからねばならない未来に対しこれでもかというほどの怠けた対応をしてきた。ただし、文壇内部のことに限ってのみだ。文壇は内部告発をかくも敵視してきた。会社や学校などの組織が内部問題の解決のために性暴力相談所のような機構を作ってきたのと異なり、このような解決機構がない文壇の奇怪な構造が、その顔を露わにしたのが、まさしく「文壇内性暴力告発運動」だ。被害者が被害事実を告発するところが文壇内部にないがゆえに、被害者たちは毎回個人として法的闘争をし、加害者は綿でたたかれる程度の〔軽微な〕処罰を受けた後に、何事もなかったかのように文壇に復帰した。被害者は文学から去るしかなかった。そのように削除された女性文人たちを暗々裏に知らないわけではないので、被害者たちは自分を守るために、いっそう口を閉ざすしかなかった。

## 3　現れた名前と現れない名前

二〇一六年一〇月、SNSで文壇内性暴力ハッシュタグ運動が起こった。SNSで事を公にする一番の長所は被害者の匿名性が保障できるという点だ。また波及力もすさまじかった。被害事実を広く知らせるのみならず、被害告発の文章を読んだまた別の被害者が自分の被害を勇気を出して公に告発する動機づけとなった。メディアは連日文壇内性暴力事態を報道した。文芸誌は初めてこのテーマを特集として扱った。

文壇内性暴力の加害者たちは、「作家」という名で性暴力を犯した。自分は有名な作家だ、自分は文壇に及ぼす影響力が強いのだと、登壇していない創作者たちにヒエラルキー権力と威力を行使した。文壇内性暴力がメディアで報道されるや、加害者たちは素早くSNSに謝罪文をアップした。創作活動の中断、つまり作家としての肩書を捨てるという内容を、それぞれ欠かさなかった。「作家」という名前を捨てることは、彼らにとってこのうえなく大きな自粛であった。実際に有名であろうがなかろうが、作家という名前に彼らがいかに執着してきたかが立証された。メディアの記事も、それによる反応も、加害者の立場から「社会的埋葬」「辱め」「没落」のごとき単語を中心に事件を記述した。

ある作家は加害者の後日を心配した。ある作家は双方の主張をすべて聞いたわけではないから一方の側に立つことはできないと言った。ある作家はこのようなやり方は文学的ではないと言った。ある作家は本の出版直前だから関与したくないと言った。彼らに被害者の告発文を読んだことがあるかと聞いたことがある。きちんと読んでいないと言った。彼らは被害者について問わなかった。被害者がいかなる人なのか、どうして被害を受けたのか、被害者たちが告発後にどのような時間を過ごしているのか、個別の被害者について彼らは気にとめていなかった。作家と読者は加害者の顔と名前をよく知っている。しかし被害者については何も知らなかった。作家と読者は加害者たちの作品と活動をまず思い浮かべたであろうし、加害者たちが生のすべてであった文学を失って部屋に閉じこもっているイメージを思い浮かべたであろう。残念だと感じる方向が、簡単に加害者側に向いたのである。現実の加害者は私たちが漠然と残念がったのとは異なった。彼らは謝罪文をアップし、戻って別の行動をした。加害者たちは互いに連帯し、加害事実認定を覆そうとし、被害告発者を名誉棄損で告訴した。自粛はなかった。

被害告発者たちは気分が晴れて消化もよくなりようやくよく眠れるようになっただろうか。現実の被害者は全くそうではなかった。被害者は自分の言葉を信じてくれないのではないかと恐れ、とてもひどいストレスに苛まれた。精神科治療を受けた。救急処置室に運ばれたり、自殺を試みたりもした。被害を明らかにしてから想像もできなかった闘いを始めなければならなかった。加害者が暴力行為に対して調査を受けるのではなく、被害者が名誉棄損の告訴をされて警察署に呼び出され、調査されねばならなかった。

## 「あなたたち、何者ですか。」

ある被害者からの問い合わせがあった。被害者がフェミライター(8)の正体を疑うのは当然だった。匿名のアカウントがSNSにうじゃうじゃと現れ、支援を装って被害者に接近していた。被害者の個人情報を入手するためのアカウントだった。このアカウントが他のどのような目的を隠しているのかを、当時誰も簡単にはわからなかった。SNSにアカウントを作って活動を始めたばかりのフェミライターは、メンバーの名前をまず被害者だけに公開した。被害者たちはいったん安心したようだった。そのころ、メンバーの名前をオンライン上で公開して活動しようという意見が集まっていた。しかしフェミライターの活動範囲や実践方法のようなものは内部で議論できていない状態だった。毎日のように非公式に被害の書き込みが続出していた日々だった。活動方式とマニュアルが共有されていない状態で名前から公開するのは時期尚早だという意見と、名前をまず公開してあらゆることを整備していこうという意見が数日間対立した。あるメンバーは加害者と名指されている人と古くからの知人であったという負担感ゆえに実名公開は簡単ではないと告白した。すでに加害者からの懐柔とストーキングに苛まれており、これからより多くのいやがらせを受けることが十分に予想できるからだった。また他のメンバーは自分たちの活動に対する原則とマニュアルが準備されていないまま名前を先に公開するのは事の順序にそぐわないと、他のメンバーたちを説得した。意見の違いはなかなか埋まらなかった。討論をし、再び討論をし、もう一度討論をした。投票をし、再び投票をした。

私は名前を公開すべきではないという立場だった。私はまだ学生であり、文壇内性暴力の被害者でもあった。オンラインで名前を公開すれば学内で講師であった加害者に対してあまりにも多くのことを覚悟せねばならなかった。被害者との連帯は私の問題を解決する過程であったがゆえに、連帯活動は積極的にできるが、実名公開だけはできるだけ避けたかった。私は団体のグループトークでこのような立場を告白した。私は「文壇内性暴力被害者」の一人であることを強調した。名前を公開しようと言っていたメンバーたちは、私の話を聞くや直ちに態度を変えてくれた。これでオンラインで名前を公開することは延期になった。名前が公開されることに対する拒否感ゆえに、私はその瞬間、「作家」という肩書の代わりに「被害者」という肩書を選択した。私は被害者なのか、支援者なのか、作家なのか。どのフレームを選択するのかによって、私の意見が排除されるか、受け入れられるかが決まった。私の真実ではなく、私が選択したフレームによって、である。

フェミライターは活動範囲と方向性について共有するために内部会議を持った。被害者と直接連帯するよりは文壇の環境を改善する運動に重点を置こうという意見でまとまった。メンバーの名前をオンラインで公開することも同時に決定された。信頼を得ることがこの活動で最も重要だという意味からだった。[9] そのとき、私は文壇の環境改善よりも被害者と直接に連帯することのほうがより緊急でどうしても必要だと感じていた。被害者と直接会って連帯する中で体感した当然の結果だった。被害者たちもすでに登壇した文人たちとの連帯を切に求めていた状況だった。誰かが被害者たちと直接連帯する必要があった。私は被害者と直接の連帯を持続させる他の方法を模索することにし、フェミライターを脱退することになった。

その後、被害者と直接連帯することを願う人々が集まり『参考文献なし』準備チームを結成した。準備チームはフェミライターが志向する運動には次の段階で合流できるよう願いながら、まず被害者を支援するために急遽『参考文献なし』プロジェクトを企画した。準備チームはこのプロジェクトを文壇内反性暴力運動の多様なやり方の一つと見なした。

プロジェクトを企画する中で、準備チームはまず最初にフェミライターのメンバー全員に連帯を求め、メンバー全員が承諾した。運動の仕方が互いに異なる二つの支援グループが別個に、またはともに、この運動を引き継いでいくことを希望した。

## 4 非難の真っただ中で

『参考文献なし』は文壇内性暴力の発言、闘い、連帯の記録であり被害告発者を支持するプロジェクトとして企画された。被害告発者の証言文、女性作家たちの自己省察の文章を一つにまとめて単行本として出版し、その収益を被害告発者たちの裁判費用と医療費支援のための基金として使用することで合意した。『参考文献なし』という表現は、「これまで文学界の中で女性の声を削除してきた諸「文献」に抗い、女性が自らの口で自らの話を始めるという意味」を込めたものだ。自分が書いた文章が別の被害者を助ける力にもなりうるがゆえに、被害者たちはこのプロジェクトを自分のプロジェクトと感じて参与した。「弱者の言語がまた別の弱者を守れるように[10]」願った。文壇内性暴力の被害者たちは「ものを書く人」という共通点があったので、書く人というアイデンティティ自体が『参考文献なし』の最も大きな原動力になった。

文壇内性暴力に驚愕し、どんな形であれ行動せねばと誓った女性文人たちが、このプロジェクトをともにした。被害告発者を含め、物書きというアイデンティティを持つ女性文人一三八人が参加した。彼女らは皆、各々の意志を込めた短い文章を実務者である準備チームに送付した。これらの文章は『連帯の本』というパンフレットに収録され、『参考文献なし』とともに発行された。準備チームが『参考文献なし』に記したプロジェクトの趣旨は大きく分けて三つであった。

第一、文壇内性暴力被害の告発者たちに対して実質的な費用支援をしようとした。裁判費用と医療費支援のための基金を作ることは物質的な費用準備のみを意味しない。性暴力専門の弁護士など、性暴力事件の支援システムと連帯網を作ることを意味する。ＳＮＳでの文壇内性暴力の告発は文壇内性暴力が持続し、隠蔽されてきた構造を露わにした。これを解決する過程は個別的な闘いだけではなく、私たちを取り巻く環境との闘いへと進み出ねばならないだろう。被害者たちの法廷闘争は、犯罪と認識されていなかった文化芸術界の性暴力に対する認識変化のための闘いでもある。被害者たちに対する基金支援は文壇内性暴力を解決するためにともに責任を負う過程であると、私たちは判断した。

第二、文壇内性暴力についての文章を形が残る記録物として出版し、ＳＮＳと文壇の向こう側へ拡散しようとした。サバイバーたちの声を含むこれらの文章は、二〇一六年秋からいくつかの文芸誌にばらばらに発表されてＳＮＳで主要な議題にはなったが、雑誌という発表誌面の特性上、時期が過ぎれば注目度が揮発するおそれがあり、いちいち探して読むのも大変だという限界があった。私たちはこれらの文章を一つにまとめて単行本として出版し、この間ざわついていた文壇内性暴力に対する最初期の社会的・集団的発言を安定的な記録として残すことにした。とりわけ被害告発者たちの発言を法律諮問を経て整然と整理し、公論化の順序を踏む土台を準備しようとした。

第三、被害告発者たちの声を支持する個別の女性文人たちの動きを「支援者」の名で集めようとした。ここで言う「女性文人」は、登壇システムを通過した女性ではなく、「ものを書く者としてのアイデンティティを持つあらゆる女性」を意味しており、そのような女性であれば誰でも参加可能にした。「代表者なし」を原則にし、自発性を重要な連帯原理にした。「女性文人一三八人」の名簿はそのようにつくられ、その過程はまさに文壇内性暴力被害証言者たちの声をともに見守ろうとする多くの同志がいることを確認し、知らせる過程であった。

クラウドファンディングの進行と単行本制作および出版は、フェミニズムの独立系出版社であるボムアラムに依頼した。「性暴力告発」という敏感な問題をフェミニズム的視角で扱い、ファンディングプロジェクトを導いてくれる適任者がボムアラムだと判断した。準備チームは身近な接点があった文学専門出版社からこの単行本が出版されることを警戒した。文壇内性暴力告発は文壇の外へと広く知られねばならず、とりわけフェミニズム運動と結びつかねばならないと判断したからだ。このプロジェクトはSNSで素早く拡散した。ファンディングを開始した当日に目標額を達成したほど、熱い関心の真っただ中にいた。しかしファンディングを始めて二週間後、プロジェクトは激しい非難の対象になった。SNSで「E」が問題を提起したのだった。Eは五年前のデートDV加害者としてボムアラム出版社の構成員名を挙げた。加害者とされたボムアラム構成員は『参考文献なし』プロジェクトから離脱した。被害者に謝罪し、被害者が要求した諸事項を履行した。関心が高かっただけに、論乱と非難も激しかった。その過程でデート暴力加害者と名指しされたボムアラムの構成員が、デートDV加害以前にEからデートの際の性暴力被害を受けてきたことが明らかになった。被害者と加害者が交差する瞬間だった。EはSNSアカウントを閉鎖して消えた。それ以降、ボムアラム出版社の全員が『参考文献なし』プロジェクトから離脱し、次のような文章で立場を示した。

ボムアラムのマーケッターである暴行加害者Dは、暴行被害者Eとの関係の中で持続的に性暴力を受け、別れるときにはストーキングでアウティングの脅しを受けた性暴力／離別の暴力の被害者でもあります。しかしDは性暴力の被害事実を二度と語りたくはなく、性暴力加害者Eに公然としたやり方で羞恥心を抱かせたくないと言いました。私たちはこれを尊重したがゆえに、Dによる暴行の事実を隠蔽せず責任を果たそうと言いました。Eの助力者であり『参考文献なし』チームの支援者でいらっしゃった方（筆者注、S）が最初にこの事件をプロジェクトに対する問題提起を混ぜてSNS上で公になさり始めたときにきちんと対応できなかったこと、そして「『参考文献なし』を存在させたのがフェミライター」という、事件自体と無関係な理由を挙げてフェミライターに暴行事件の公開を要求されたとき、いくつかの疑問点があったにもかかわらず被害者Eの承認を経てそれに応じたこともまた、この文脈の上にあります。……被害者中心主義は公平に適用されませんでした。Dが受けた暴力は全面否定され、Dの吐露は最も凄惨な言葉で非難されました。これは性暴力被害者Dがこれまで自分が受けた暴力に対して最後まで口にすることを避けた理由であって、結局Dは回復しえない傷を負いました。暴力の経験が何によっても葬られないことは何より重要であり、そのときその勇気は絶対に非難されてはなりません。被害者中心主義と二次加害の概念はこのためにあります。……二次加害という言葉が誰かの口を塞ぐ用途で使われうるということを確認せざるをえませんでした。典型的な加害者の論理などはありません。「どんな理由においても暴力は暴力」という言葉と「文脈を見なければならない」という言葉は、妻を殺した夫を擁護する者からも発せられるでしょうし、批判する者からも発せられるでしょう。いかなる状況で、いかなる理由でその言葉を使っているのかを検討することが、より重要であると考えます。被害と加害が交差しうると言うことができるうえでこそ、より積極的に被害者を保護できると信じます。……当初『参考文献なし』プロジェクトから離脱した、暴行加害者であり性暴力被害者であるボムアラムのマーケッターは、最後までボムアラムとともに行きます。[11]

ボムアラムは論議の当事者になった構成員をいち早く削除するやり方の問題解決に同意せず、共同体としてこの問題を解決しようとした。それが、ボムアラム全員がプロジェクト離脱を決定することになった重要な理由だった。以降『参考文献なし』準備チームはクラウドファンディングの運営と単行本出版の責任を果たすことにした。ボムアラムと『参考文献なし』プロジェクトを批判していた作家ファン・ジョンウンは、当時をこのように述懐している。「去る三月に私はある人と、その人が属した共同体を、そしてその人と連帯でつながったまた別の共同体を追い詰めることに加担してしまった。」

三月一四日夕方、ボムアラムの最後の声明文を読んだ。

その瞬間を記憶している。

きちんと議論されていないと判断して、議論をしようと私が賛同して、力いっぱい引き出したものは、私が見たことのない顔であり、まだ見たことのないだけの、ある人の凄惨な顔だった。それをようやく知って、血の気が引いたように座っていたその一時間を、私はこれからもずっと忘れられないだろう。私は私の無知と誤った判断によってずっと恥ずかしいことを体験してきたが、その一人が体験したこと、その人の体験に対してどのように責任を取らねばならないのか、私は今もわからない。短いながらも、私のアカウントに謝罪の言葉をアップしたが、その人には別個に連絡もできず、それが適切なのかもわからず、ただこのように記憶し、なぞりなおしている。私たちとして、私がどんなことをしたのかを。

去る三月、私はある人とその人が属していた共同体を、そしてその人と連帯でつながったまた別の共同体を追い詰めることに加担してしまった。私はなぜそのようにしたのか。それぞれにそれぞれの理由があるだろうが、私の場合は、それが何であったろうか。三月一四日以降、ずっとそれを考えている。そこに何があったのか。ものを書くことの無力さを肯定しつつも、この数年間、私が経験したその無力さにあまりにもうんざりして現実的変化をもたらしうるプロジェクトを純粋に希望した思いがあったであろうし、ファンディングの締め切りという条件に対する焦りもあっただろう。散文の速度とは明らかに異なるSNSの速度に自分は耐えられると感じた傲慢もあっただろうし、全般的には私の無知がとてつもない量としてあり、質問して答えを聞く権利が私にあると感じた愚かで粗雑な考え等々があったであろう。しかし何よりも、これは、疑いよりは不信という簡単な事態を選択した私の怠惰が起こしたことであって、他の何よりも、私の弱さが起こしたことだった。(12)

論乱は収まらず、さらに大きくなった。論乱の理由も多様になった。非難の対象が準備チームへと変わっていた。準備チームを糾弾し、このプロジェクトを中断せよという要求が絶えず降り注ぎ、激しく拡がっていった。『参考文献なし』プロジェクトに性暴力二次加害者が参加している、プロジェクト準備チームが基金の対象を恣意的に選抜する、文壇内性暴力被害者の労働力を搾取した、ヒエラルキー的に編集権を乱用した、等々、数多くの流言が生じた。

出版社ボムアラムは離脱したが、準備チームはファンディングを中断せずに完走したいという立場をSNSに示した。被害者支援の約束を守ることが準備チームとして最も責任ある態度であると判断した。「ともにする女性文人」にプロジェクト進行可否に対する同意を得る過程を経て、プロジェクトを進行し続けることが決定された。

結局このプロジェクトは、合わせて二二八一名の後援者たちから約六千万ウォンの後援を受け終了した。合わせて二九編の証言文が収録された『参考文献なし』は外注編集者の手を経て非売品として刊行された。[13]単行本の製作費を除く収益金の全額で、被害者七名が弁護士と刑事事件受任契約を結び、医療費支援を要請した被害者一〇名全員に医療費を支援した。いまも被害者たちの法廷闘争は進行中だ。

## 5 資格と無欠

プロジェクトを完走したいという立場を発表するや、これを批判する文章がSNSに何度かアップされた。その中心にSが[14]いた。Sは「準備チームがボムアラム事件を隠蔽した、責任を避けようと名前を公開せず、その理由をそれらしく包み隠している。自分を疎外して搾取した」と、プロジェクトを進める資格がないと訴えた。Sの代理人としてフェミライターの二人のメンバーが指定された。フェミライターの何人かのメンバーは各々のSNSアカウントでSの立場を支持し、プロジェクトを糾弾する内容の文章をアップした。この糾弾はプロジェクト中断要求へとつながった。フェミライターの公式アカウントでもプロジェクトを糾弾するメッセージが絶えずリツイートされた。多くの作家がフェミライターの立場に同調した。「すでに登壇した作家」という影響力は、Sの主張を規定事実として見えるようにさせる際に大きな力を行使した。被害者たちが置かれた状況は、皆の関心の外へと押し出された。

準備チームは加害者としてフレーミングされた。準備チームは「加害者ではない」と簡単に抗弁する道を選択できなかった。なぜなら糾弾を主導した者が文壇内性暴力の被害告発者であったからだ。被害告発者がＳＮＳで事実ではない情報をばらまいているといっても、その当否をＳＮＳで指摘することが正しいのかについて、内部で激しい論争をした。準備チームはできるだけ論争しないことを方針に定めた。これはＳＮＳにおいて「沈黙で一貫している」という非難を強めた。これに対し準備チームが立場声明を発表するや「立場声明にかこつけて被害者たちを非難し加害することを止めてくださるよう求めます」という非難が続いた。

かげった虫たちのように
黒い文字を記し、単語を記し、集めている
あまりにも多くの単語を失くした
美しいな
という言葉は、もはや書けないだろう／こんな言葉
おかしいな／こんな言葉
体がたぷたぷした水袋になったみたいだ

駆けるときは知らない（駆ける）

このプロジェクトの企画段階で仲間の作家たちに参加を求めたとき、自分は資格がなさそうだからと躊躇し、怯み、消耗して参加を固辞した作家たちも多かった。私たちの中で無欠な人はいないと思うのだと伝え、このことをやりながらともに資格を作り上げていくことが重要ではないかと作家たちを説得しつつも、準備チームは作家たちの心を理解するしかなかった。

連帯するために最初に会った場で、ある女性詩人が吐露するように述べた。実は私たちもサバイバーではないか、と。その言葉を語る資格がないかもしれないという罪責感、黙認して、耐えて、用心しながら生きてきた歳月に対する贖罪意識、よい人にだけ会うようにし、できるだけ文壇の酒席を避け、悪い男のブラックリストをあれこれ言いながら共有し、このレイプ文化に手を貸してきたという加害者意識のようなものが、ガラスの破片のように皮膚に突き刺さったまま、私たちは慣れない交流と連帯を開始した。(15)

詩人キム・ソヨンの告白のように、被害者であり、ほう助者であり、加害者のリーグで生きてきたアイデンティティを省察した後に、準備チームはこのプロジェクトを企画した。まず私たちが持っていた権力と無知を反省せねばならないと準備チームは考えた。私たちは知らなかった。知らないでいられることも権力だという事実をあまりにも遅く悟った。それゆえ私たちは「無欠」な人々の運動として、この運動を解釈してはならないと考えた。文壇というネットワークの中にともにいた作家として、省察をし、自分自身から変化せねばならないという責任を痛感することが重要だった。

しかし「ともにする女性文人」名簿が公開されたとき、「名簿になんであの人の名前があるんだ」と、その資格を問う声が相次いだ。準備チームは名簿に掲載するかどうかを決定する権限がなかった。このプロジェクトへの参加可否は自発性に任せるという原則を定めたからだ。あの人はなぜ名簿にあるのか、あの人はなぜ名簿にないのか。私たちが集まったのは一寸の欠陥もない道徳的純潔さを自ら立証するためにではなかったにもかかわらず、このプロジェクトの参加者に対する過酷な道徳的検閲が続いた。

激しい論乱にもかかわらず、なお支援者として残っている一三八人。その中にはプロジェクトが完走することのみを待っていた被害者たちも含まれていた。より多くの苦痛を訴える人の言葉が絶対化されること、加害と被害と加害と被害と加害と被害の永遠の連続、回復しえない傷の無限の連鎖を作り出したまま、流言の生産者は皆ＳＮＳから去った。

文壇内性暴力被害者たちが事を公にする場として選択したのがＳＮＳであっただけに、あらゆることがこの場で起こった。ＳＮＳで告発された内容をメディアは記事にし、加害者たちの謝罪文もここに掲載された。ＳＮＳは心情的であれ実践的であれ被害者たちと連帯しようとする人々を結びつける場になっていった。『参考文献なし』プロジェクトもまたＳＮＳを中心に据えて広報を展開した。ＳＮＳは性暴力の被害事実を告発できる長所も持っていたが、逆に反性暴力運動をめぐる典型的な「さらし上げ」と削除強要が再現される場所へと変貌しもした。被害者たちの告発を可能にしたＳＮＳの匿名性は、事実や根拠を明かさなくても流言と誹謗をすばやく拡散できるという致命的短所も併せ持つ諸刃の剣であった。二四時間以内に応答せよという、立場声明と謝罪文が素早く行き交うＳＮＳでは、性暴力加害者もいくらでも自分に有利なように世論を方向づけることができた。また、自分の発言が誹謗であったと明るみに出されたとき、アカウントを閉じて隠れたり、アカウントを消していなくなれば、それに対する責任を取る必要すら瞬間的に消えた。[16] フェミライターは謝罪の内容を込めた立場声明文[17]をアップして解散し、ＳＮＳアカウントとホームページを削除した。作家誓約書[18]に賛同した七四九人の作家名簿もフェミライターとともに消えた。

私たちは　どうしても
謝罪の虚構を理解せねばならないだろう
理解の虚構も謝罪せねばならないだろう

謝罪を求めつつ

謝罪からむなしくむなしく遠ざかっていくひとびと

画家の静物として愛されてきたリンゴ〔リンゴと謝罪は韓国語表記が同一〕
健康美あふれる男たちの前歯の痕が残ったリンゴ
トラックにのって駆けるリンゴの山

ごろ
丘を転がり落ちる
真っ赤なリンゴ

リンゴが一つずつ止まれば
腰をかがめて傷ついたリンゴを拾い集めるひとびと

謝罪に対してとてもたくさん考えたから
すでに許されたようだ
許しの虚構に対しては許せるようだ

## 6 「お前だけでも抜け出せ」

私は『参考文献なし』準備チームに加わったことを後悔した。準備チームに加わらなかったら、遠いところから準備チームをあれこれ批判して、よろしく過ごしているだろう。誰かと仲たがいすることもなかっただろう。プロジェクトを猛烈に非難した私の知人たちは、ＳＮＳで私をブロックした。偶然に道ではちあわせたときも、挨拶一つなしに、冷たい視線で私を眺めた。誰かとケンカしたわけでもないのに、どうしてケンカをしたような気まずい関係になってしまったのか。

『参考文献なし』をめぐる論乱が起こったとき、私はボムアラムと準備チームを疑ったことがある。私は準備チームのメンバーと親しい関係はおろか一面識もない間柄だった。どうにか面識のあったメンバーの一人から仕事を手伝ってくれないかと頼まれたのがすべてだ。『参考文献なし』プロジェクトのファンディングが始まる直前、プロジェクトをＳＮＳで広報することを任され、準備チームに合流した。

私は文壇内性暴力事態の前で作家としての責任感より、同じ女性という同質感ゆえに準備チームに参加した。同じ社会活動範囲の中にいる女性たちが暴力を受けたとき、自分のことのように感じ、不条理な社会風土を改善せねばならないという社会人としての責任感で合流した。だがチームに合流するやいなやプロジェクトに対するありとあらゆる問題提起が降り注いだ。私は唖然とするばかりだった。事態を把握することだけで長い時間がかかった。その間の事情を一つひとつ一人で理解するのに精いっぱいで、メンバーとともにどのように対処するか悩むこともできなかった。準備メンバーであるにもかかわらず他人のSNSを読んでようやく知る事実もあった。プロジェクトを見守った多くの後援者も私と似たような状況であっただろう。

『参考文献なし』プロジェクトの準備チームを加害者であるとフレーミングした人たちのほとんどは、私の何年も前からの知人たちだった。互いに近況を聞き、三々五々集まって朗読もし、食事に行ったり酒を飲んだりして遊んだ友情あふれる仲間たちだった。その反面、私にとって準備チームのメンバーは知らない者に近かった。

なぜ私の友情あふれる仲間たちがいっせいにこのプロジェクトを中断せよと叫び、強硬な声を発するのか？「デートDVの加害者」「ヒエラルキー暴力」「編集権濫用」といった非難は真実ではないのか？なんの利益があってSはありもしない言葉を作り出すのか？私はチームメンバーという理由だけで無批判にメンバーを信頼しているのではないか？誰の言葉も信じられずまごまごしている私が準備チームにいてもいいのだろうか？準備チームのメンバーがこれほど消耗する姿を見ていてもいいのか？

SNSでは論乱が続いていた。執筆者たちは自分の原稿を取り下げてほしいというメールを連日送ってくるし、支援者たちは同時多発的に支持と後援を撤回した。文壇内性暴力の告発者たちは虚偽告訴と名誉棄損の嫌疑で逆告訴されて苦痛を受けていた。私たちが真に声を聞かねばならない性暴力被害者たちは、かなたへと押し出された感じだった。混乱の日々だった。この混乱をメンバーにも、知人にも、吐き出すことができず、つらかった。

そのころ、数人の知人から連絡がきた。知人たちは私が準備チームのメンバーだという事実を知っていた。準備チームの名簿は支援者たちにも公開されていなかったので、かなり驚いた。私がメンバーであることを彼らが知っているなら、加害者たちもまた私の身上を知っているかと思うと怖かった。知人たちが私にかけた言葉は、おおよそ似通ったものだった。

「あんたの名前がなんでそこにあるんだ?」。

「一銭ももらえないのになんで力を貸しているんだ?」。

「一連の事態をずっと見守ってきたけど、準備チームのほうが間違っている。あんたはチーム内部にいるから判断力が鈍っているんだ」。

「幼いあんたを利用しているんだ。あんたが心配なんだ」。

知人たちの言葉を傾聴する中で悟った事実があった。知人たちもよく知らないということ。準備チームの立場声明文が発表される前であったので、準備チームの事情を知る人がいるわけがなかった。準備チームの発言を聞いてもいないのに、すでに間違いであると想定されていた。無理解の中で知人たちは『参考文献なし』準備チームの未熟さを不当さへと置換していた。この「不当さ」が不当であると知ることになっても、知人たちは責任を負わないであろう。そして私の記憶に最も残っている、胸をえぐり返す一言があった。

「あいつらはおかしい。お前だけでも抜け出せ」。

その言葉を聞いた瞬間、頭の中がすっきり整理された。

そのとき私は「終えることを最後まで」ともにする決心をした。私がまずすべきことは「準備チームの完全無欠な資格」を判断することではなかった。プロジェクトが中断されれば裁判支援が必要な文壇内性暴力被害者たちはどうなるのか。私たちがすべきことは非難の当事者になった人々をすばやく削除してプロジェクトを中断してしまうことではなく、非難を回避せずに抱きかかえたまま、被害者と支援者の声を集めることでなければならなかった。

## 7 連帯と責任

「私の名前も一緒に書いてください」。

準備チームが「ともにする女性文人」たちにプロジェクト進行可否を問うメールを送るときだった。メールの署名部分には実務者である準備チームメンバーの名前を記した。皆で相談して、チームに最後に合流した作家の名前を署名から外してメールを発信しようと決めた。当時準備チームは、暴力を黙認しヒエラルキー権力をふりまわし、傲慢と無能と非倫理性にもかかわらず金のためにプロジェクトを放棄しない集団であると罵倒され、糾弾の真っただ中にあった。準備チームは最も責任が少ない一人だけでも守りたかった。

「後に状況がよくなればそのとき名前を一緒に書くことにしましょう。今は外しましょう」。

名前が明かされれば、その新人作家の今後がどうなるか計り知れなかった。

「大丈夫です。書いてください」。

その人の責任は最も小さかったが、その人は名前を明かして非難の矢をともに浴びようと決めたようだった。その名前をともに並べて記し、メールを発信した。

弁護士が言った。

「訴訟を起こされるかもしれません」。

そのときの私の答えも同じだった。

「大丈夫です」。

準備チームは「代表者なし」を標榜した。「ともにする女性文人一三八人」の一人であろうとした。しかし他方で、実務者として役割を分担し、責任を果たしてもきた。準備チームが「代表者なし」を標榜したのは、このプロジェクトを通して作家としていかなる追加的利益も求めなかったからだ。作品外の実践が作家の資産になることを警戒したかったからだ。強いて不利益を引き受ける考えもまたなかった。支援者には自分を守り、活動の仕方を選ぶ権利があると判断した。準備チームは実務者の名前を明かすことが責任を取ることであるに等しいという、一般的な公式を信頼しなかった。危機を克服し最後まで被害者とともにすることが準備チームが背負うことのできる責任だった。ファンディングが締め切られた日、「告発者5」は「被害者、告発者ではない」「プロジェクトの執筆陣として」「『参考文献なし』プロジェクトの成功を心から願い、支持している」という立場をSNSに発表した。

『参考文献なし』プロジェクトに参加したことは私たちの選択でした。そして選択はそれに対する責任を前提とします。私たちはその責任を、支持と後援取消し、原稿取下げによって『参考文献なし』プロジェクト側へと完全に転嫁して線を引くことは、したくありませんでした。

私たちが考える文壇内性暴力告発運動の根本的な目標は、「文学」が一種のシステムとして機能し、弱者の言語の収奪に寄与したということを知ることになった現在の私たちが、その権力を解体してこれ以上の被害を防止できる方法を見つけることです。また私たちは『参考文献なし』プロジェクトがその過程において重要な位置にあると考えます。……『参考文献なし』プロジェクトの意義は被害者たちに物的資源を提供することだけでなく、性暴力被害者たちにこれから安全に語ることのできる場所を作ること、被害者たちに連帯の力を見せることにもあります。したがって私たちは原稿を取り下げ、さらに言えばプロジェクトの中断が、現在私たちが推し量れることよりもさらに否定的な影響をもたらしうるという判断を下しました。私たちはプロジェクトの筆陣として残り続けることにしました。また私たちは『参考文献なし』プロジェクトとそのチームの完成度よりもまず、彼らのコミュニケーションの意志と発展可能性、そして今後に向けたよりよい連帯への還元可能性を支持します。(19)

「告発者5」が明かしたように、連帯と責任は留保のやり方で線を引くことではない。続けることができるという発展可能性を互いに開いておくことだ。そうすることをもってのみ、よりよい連帯への還元可能性も開かれうる。

「告発者5」がSNSアカウントに最初に投稿したその夜を私は記憶する。文章を読んでからしばらく部屋で呆然と座っていた。文壇内性暴力の告発を注視していた多くの人々が私と同じであっただろう。プロジェクトが危機に陥ったとき、プロジェクト中断要求が殺到しているとき、私はその夜を何度も思い浮かべた。当時、被害者たちはこのプロジェクトの受任弁護士に「私たちはどうなるのか」と問うたと言う。弁護士はファンディングが不成功になっても他の方法を探してみるから心配するなと被害者たちを安心させたという。ファンディングの金額がだんだん上昇しているときには、基金の運営方法について弁護士とともに今よりももっと大きな計画をしていた。被害者にふりかかってきた逆控訴の裁判費用支援のみならず、未来に備えうる基金も運営できるであろうと期待していた。ボムアラム出版社を通して『参考文献なし』が正式に出版されれば、持続的な販売収益も発生するであろうし、持続的な支援も可能であると期待していた。しかし現在、準備チームは逆控訴される被害者や助力者を無力なまま見ているだけだ。私たちが到達はできたが失ってしまった未来が、苦痛を伴って喚起される。文壇の構造をどう変えていくかについての模索は、始めることもできないまま、今は被害者と加害者の個人間の争いのみが残っている。

ボムアラム出版社の離脱以降、非売品として『参考文献なし』が二〇一七年五月に出版された。この文章を書いている二〇一八年二月、『参考文献なし』プロジェクトをめぐる文壇内性暴力反対運動の限界をざっと要約してみる。まず、既存の反性暴力運動の言説と解決方法の限界が『参考文献なし』論乱にそのまま反映された。被害者中心主義とは果たして何なのか。被害者と支援者にしばしば悪影響を与えて傷を残す、被害者中心主義の誤用はいかに扱わねばならないのか。性暴力被害者に加えられる「二次加害」の基準は何なのか。名誉棄損へと直ちに置換されてしまう加害者の実名告発はいかに認識されねばならないのか。あらゆる性暴力は権力がほしいままに行使する暴力であるという点に同意するとき、クィア言説における被害と加害、そしてアウティングはどのように解釈せねばならないのか。

ボムアラムの構成員は、クィア言説の被害と加害に対する認識の不在の中で苦痛を受けた。あたかも連座制のようにボムアラム出版社全体が加害者と名指され、このプロジェクトの企画者でありパートナーであった準備チームも加害者というフレームにともに閉じ込められた。加害者フレームの中で準備チームのあらゆる措置と行為と立場が、反省なき暴力行為であるとか、自己合理化、あるいは被害者に対する二次加害行為として扱われた。支援者に対する最小限の尊重もなかった。私たちは「誰が加害者なのか」よりは、「何が暴力なのか」を問わねばならなかった。二次加害について発言するときにも、何が性暴力被害に疑いを向けさせ、性暴力告発を困難にするのかを問わねばならなかった。しかし二次加害に言及したSNS使用者は「誰が」も示さず、「いかなる」加害行為なのかも示さないまま、「『参考文献なし』執筆陣に二次加害者が含まれている」という言葉のみをSNSに投げた。SNSの世論は誰が二次加害者なのかに集中し、『参考文献なし』を汚染されたプロジェクトとして認知した。性暴力を解決するための諸装置が、反性暴力運動をしている支援グループを攻撃するフレームとしてそのまま悪用された。

被害者は誰であり加害者は誰なのか。これは社会正義の実現と紛争解決のための究極的なテーゼだった。共同体が加害者処罰によってのみ紛争を扱う時、被害者と共同体の回復はいかになされるのか？　共同体の責任と役割はどこにあるのか？　それは審判なのか？　であるなら、審判者はいつでも信じるに足る存在なのか？　審判者に対する審判が必要なとき、それはいかになされるのか？　私たちはここから始める。「脱線」は審判を要求したり引き受けるのだと、だしぬけに生まれたのではなかった。ただ、自らの共同体に対して直接発話するための声を上げただけだ。惨状を勝ち抜く方法は惨状から顔を背けたり、事実自体を共同体から排除することではなく、惨状を理解することから始まるということを、私たちは悟った。私たちは被害者でも、加害者でも、傍観者でもない、共同体の一員として惨状を理解する。[20]

共同体が加害者処罰によってのみ紛争を扱うとき、加害者の処罰が終わった場所にはまた別の加害者が入り込むであろうし、根本的な問題は解決しないであろう。性暴力が起こらない構造と文化を作り出すことが伴わねばならない。文壇という家父長制が続く限り、性暴力に対する隠蔽もまた続くだろう。

## 8 おわりに——残された宿題

やめられるとは思わなかった。やめられないとも思わなかった。ほうきをもって立っていて、枯葉が落ちれば枯葉を掃いた。

掃き掃除をする夜があった。黒い宇宙に一人浮かんでいる石になった気分だった。こんなふうに浮かんでいるわけにはいかないなあ、石は眠りについた。百年の眠りが雪のように降り積もるであろう。掃き掃除をする音がかすかに聞こえる朝があった。私は起きてほうきを受け取り、その人に眠るよう勧めた。

友達という単語を使えなくなった。人々は耳を傾けて聴くことはなく、友達の側に立った。

言葉が言葉であるだけの文章を読めなくなった。言葉の力を知っている人々は多かった。他人に声をかける人々も多かった。自分に声をかける人はいるであろうが見えなかった。

言葉の建築は今日も堅固に進められた。建築物は調和がとれて、丈夫で、中に入れば安全で、温かいと信じるようになる。建築物の地盤は丈夫でしょうか。壊れる建築物を建てるのが文学だというから、地盤には関心がないのですか。

作家には締め切りが迫ってくるから、締め切りと締め切りと締め切りでひと月が過ぎ、一年が過ぎ、一生が過ぎ、生活苦に打ち勝って紙のかたまりの本を残して満足して死ぬだろう。

良い詩を書きたいという考えが消えた。良い詩を書いても良い人にならない良い詩とは何だろう。

良い人になるのだという決心は消えた。

一二回カウンセラーを訪ねた。何も書かれていないんですか？　私は詩を読めないし、詩を書きたくもありません。

遠くにいる人々は今なお遠くにいて、近くにいる人々は口をつぐんでいる。

歩いている人々はどこに到着するか知らない。先に道を行った人々は消えて、その話は伝えられなかった。

日が暮れるころ、何の考えもなく運転をして別の都市へ行った。秋で、陽光に川の水が光った。悲しくなかったし、なんともなかった。

静かになった。

詩を書きたいな。

そしてこの文を書いた。この文が詩なのか文学なのかは今は重要ではない。今朝玄米を混ぜたごはんを食べた。朝の薬を飲んだ、と記す。子犬らが寝ているのを見つめた、と記す。家がちょっとはっきりしてきた。

二〇一六年に性暴力告発運動が始まったときから、私たちは多くのものを再認識しなくてはならない過程の中にいる。既成世代は性暴力を認知する観点から変わらねばならなかった。告発運動に加わるのであれ、支持し連帯するのであれ、あるいは沈黙して見守るのであれ、多くの葛藤と選択が置かれている。被害告発者たちをどのような形で支持すべきなのか、私たち自身が支持の声を出す資格はあるのか、これから私たちはいかに生きねばならないのか、ありがちな葛藤と悩みが巨大な障壁として横たわっていて、その障壁はこれからも現れ続けるであろうということを予感している。

準備チームは支援グループとして性暴力告発者たちの中でも犯罪に該当する被害を受けたサバイバーの法的闘争にまずは連帯せねばならないと選択した。最も急を要する問題と判断したからだ。『参考文献なし』を支持し、その名を支えることと後援者になることまで、あらゆる過程に選択が要求された。選択するということは責任を取る段階へと進み出ることだ。葛藤なしにプロジェクトを終えることができたならば理想的であったが、現実的に無欠な場所はなく、私たち個々人も同様だ。私たちが属している場を変化させ、よりよい未来へと進み出る力と知恵を、いかにして得るのかが最も重要だ。

ツイッターで公に語る場には誰にでも発言権が与えられるという長所があったが、致命的弱点もあった。繰り返し発言し話題を独占する人々が浮上する反面で、声を出さない人々の意見は幽霊のように消されてしまった。立場声明文と謝罪文が素早く往来する場特有の速度ゆえに、落ち着きと慎重さが排除される場合もあり、繊細な議論が難しくなることもあった。最も重要な目的を忘却する危険も大きかった。性暴力のない環境を作り出していかねばならないという皆の目的が薄れるほど、皆が放置してしまう事態も生じた。

このプロジェクトの支援者たちの一部は自発的連帯の主体ではなく消費者に近い立場を取った。プロジェクトに自ら参与した責任を共同で負わず、不平不満を言って公論の場でネットいじめに加担した。準備チームに向けられた虚偽情報が流布されたとき、それを流布した人に責任を問わなかった。事実かどうかは確認する必要が全くないかのように扱われた。準備チームが、情報は嘘だということを証明する過程を、多くの人々は陪審員の態度で注視した。暴力、無責任、隠蔽、権力、ヒエラルキーといった暴力的な名詞を先取りして攻撃したのみであり、攻撃の根拠は全く提示されなかった。

『参考文献なし』準備チームは被害告発者たちの勇気と落ち着きを間近で目にして、大きな力を得た。また法的解決のみが重要なわけではないが、法廷闘争を通した勝利の体験が被害者たちにとって重要な治癒過程であることを学べた。被害者自らが自身の被害事実を構造的・社会的問題として認識し解決していこうとする過程を踏み、その過程を人々が支援者としてともにしてこそ、それは過去はもちろん現在を変える闘いであり未来を変える闘いへと発展する。その闘いによって作られた判例が別の闘いのための希望の根拠になりうるからだ。

準備チームはこのプロジェクトを進めながら、性暴力被害を経験したことのない女性は稀だという事実を再三知ることになった。被害の差異、傷の差異、勇気の差異はあるが、この地のあらゆる女性は直接的・間接的に性暴力被害を受けたことがある。同じ女性という連帯感、同じ女性という責任感。この同質感が最初のものであると同時に最後のものになることを私たちは望む。この同質感があらゆる暴力と差別を分別する鋭敏なものさしとして作用しうる力であると考える。(21)

二〇一八年二月、チェ・ヨンミ詩人の勇気ある告発〔詩人・高銀（コウン）に対する告発〕に熱い関心が集まった。一部の文学者たちの反撃――慎重な語法で憂慮を標榜したものまで含む――もまた続いた。この反撃があらわにしたものは何か。性暴力を一部の文学者の弱点や失敗として個人化し、文学者に対する社会の寛大さを要求するこの立場は、何を守りたいのであろうか。加害者の文学的業績を尊重してやらねばならないという立場と、文壇全体を罵倒してはならないという立場は果たして正しいのか。

許しを語る裏面には容認を自負する怠慢が下敷きになっている。被害者の声ではなく加害者の業績と文壇の危機を前面に出す男性連帯の強い義理は、弱者を抑圧する不正義と、現在、同一線上にある。結局、女性の声と女性の性的自己決定権と女性の市民権を排除し剝奪するのだという意志が、背後にひそんでいるわけだ。このように性暴力の告発は性暴力加害者だけをあらわにする運動ではない。加害を容認してきたレイプ文化と、レイプ文化がいかにして持続されうるのかが、ともにあらわになるのだ。

『参考文献なし』プロジェクトは、成功と失敗の二分法的観点では解釈できないと考える。性暴力告発は隠蔽されてきたレイプ文化をあらわにし、これらの証言は単行本のかたちで記録された。この過程で熱い連帯をともに体験した。『参考文献なし』プロジェクトの進行過程において生じた議論は、反性暴力運動のいくつかの限界を如実に現した。

二〇一六年一〇月に始まった文壇内性暴力ハッシュタグ運動が #MeToo 運動へと再びつながっている。正義を追求する点で最も急進的で、世界を思惟するやり方が最も鋭利であると考えられてきた文学は、たんに権威を維持するための態度であったり偽善にすぎないのではないかという疑いが共通感覚になった。家父長制的な文壇が文学を独占してきたという自覚だけは、もはや後戻りしないであろう。文壇の権威解体、不当な慣行の清算、登壇制度の多様化、高校および大学の文芸創作学科の環境改善のための窓口、現実と遊離した文学主義に対する反省などが私たちに宿題として残されている。今こそ女性を含む、いかなる弱者も排除しない、先鋭で公正な原則で文学をめぐるシステムが再構成されるときだ。

（1）『参考文献なし』準備チームとは、文壇内性暴力被害者たちと連帯するために二〇一七年に結成されたプロジェクトチームだ。『参考文献なし』の出版を企画した。『参考文献なし』プロジェクトは「代表者なし」を標榜した。『参考文献なし』準備チームの五名は、自ら実務を担う者として匿名活動家の位置に立つ。本章もまた「準備チーム」という当時の活動名で筆名に代えることにする。本章は『参考文献なし』プロジェクトを企画した主体である「準備チーム」五名が共同執筆した。準備チームは経験の違い、立場の違いを無理やり縫合しないまま対話と討論を続けていく過程にある。本章の執筆過程で準備チームは五名それぞれの位置と視線をできるだけ尊重するしかなく、それぞれの経験と共同の経験を交差して記録することにした。本章のいかなる部分も、準備チームの皆の立場と同じではありえず、この本に収録された他の筆者のいかなる論考も準備チームの皆の立場と同じではありえないことを記しておく。

（2）高陽芸術高校文芸創作科の詩創作講師であった詩人Bから性暴力を受けた学生六名は「告発者5」という名のSNSアカウントを通して性暴力被害を告発した。この「告発者5」を支持する高陽芸術高校の卒業生一〇〇余名は「脱線」という名前の支援グループを結成した。

（3）「脱線」「文学の名で」『参考文献なし』二〇一七年、一五頁。『文学と社会』二〇一六年冬号に再掲載。

（4）高陽芸術高校講師の詩人Bをはじめとする、性暴力加害者と名指しされた詩人たちの詩集を多数出している出版社。

（5）ユン・イヒョン「私は女性作家です」『参考文献なし』一七八頁。『文学と社会』二〇一六年冬号に再掲載。

（6）イ・ソンミ「参考文献なし」『参考文献なし』二二七頁。『文芸中央』二〇一六年冬号に再掲載。

（7）イム・ソラ「奉る」『参考文献なし』一六五頁。『黒面白面』（雪かき叢書三号）に再掲載。

（8）二〇一六年一一月、一〇人あまりの作家が集まって「文壇内性暴力に反対する作家行動」を組織した。そして「フェミライター」という名前で活動した。『参考文献なし』準備チームの五名のうち四名は、二〇一六年一一月からフェミライターの構成員として活動した。以降、それぞれの意志によって脱退し、『参考文献なし』のプロジェクトを構想する段階で再結集することになった。ここでの「あなたたち」はフェミライターを指す。

（9）作家たちは数多くの時局宣言に名前を挙げて結束してきた。力を合わせねばならない状況の前で作家の名前を集めて声明書を発表してきた慣例は、〔一九六〇年代から八〇年代の〕維新政権と軍部独裁を経る中で、民主化運動を先導した作家たちから受けついだ遺産だった。署名や連名の形で作家の名前が記入されたイシューにおいて、その中心に立った作家は一つの象徴になってきた。この象徴が時には絶対的な権力として崇拝されてきた。自由実践文人協議会が民族文学作家会議へと、さらには韓国作家会議へと変身する歴史的過程において、このように記された名前の持ち主は創作と批評社を中心とする民族文学陣営のスター作家になっていった。

（10）三人が共同執筆した『参考文献なし』の「序文」に収録されたボムアラム出版社のイ・ミンギョンの文章であったが、ボムアラム出版社が〔プロジェクトから〕離脱したので『参考文献なし』には掲載できなかった。

（11）ウユニゲ、イドゥル、イミンギョン。https://twitter.com/baumealame/status/841612617760223232

（12）ファン・ジョンウン「付記」『参考文献なし』二三五頁。

（13）非難の真っただ中で快く編集を担ってくれた外注編集者コ・ナリさんにここで再度感謝の意を表したい。

（14）支援者「S」は文壇内性暴力ハッシュタグ運動初期に詩人Pの被害者として証言文を書いた（当該文章は投稿後、ほどなくして自ら削除したので残っていない）。以降、連帯者チェグンタク〔アカウント名〕とともに被害者たちと直接やり取りして連帯をしてきた（文芸誌に寄稿した二編の証言文は、ほぼ連帯者の立場で記述されている）。「すでに登壇した作家たちが卑怯で無関心なので、私をはじめとする文壇内性暴力被害者たちが反性暴力運動を代わりに行っている」とSはSNSに苦痛を訴えた。これを受けて『参考文献なし』準備チームはSに準備チームとの連帯を正式に要請したことがある（それに対する確答はSからは聞くことができなかった）。また、SはE（ボムアラムの構成員をデート暴力加害者と指摘した）の連帯者だった。性暴力被害者、性暴力被害者たちの連帯者、準備チームの連帯者、Eの連帯者として、Sのアイデンティティを要約できるだろう。

(15) キム・ソヨン「加害者のリーグで」『参考文献なし』一九〇頁。フェミライター結成当時を回顧した場面。

(16) 『参考文献なし』を非難したシャドーピンズ〔ジェンダー暴力被害者の法的支援活動家の会〕は、アカウントを閉じたまま潜伏したが、数か月後に遅まきながらの謝罪文をアップした。ニックネームで活動する数人のフェミニストが自分たちのアカウントにこの論乱を整理しただけだ。『参考文献なし』プロジェクトをめぐる論乱を苦労して記録していた何人かのツイッター・フェミニストに感謝を伝えたい。おかげでこの文章を書く力を得た。

(17) フェミライター立場声明文。https://femiwiki.com/w/파일:페미라이터_2017-04-17_입장문.jpg

(18) 作家誓約。https://femiwiki.com/w/파일:페미라이터_작가서약.jpg

(19) 「告発者5」https://twitter.com/third_rate_kind/status/843696138918158336

(20) 「脱線」「ゲルニカを回顧して」『参考文献なし』五五頁。『文学と社会』二〇一六年冬号に再録。

(21) 準備チームが『参考文献なし』に記した「あとがき」を、この文章の文脈に沿って一部修正して引用した。

# 第3章

# マイノリティは被害者なのか
## ―― カミングアウト、アウティング、カバーリング

ハン・チェユン

1997年に同性愛者人権運動の集まりである「もう一つの愛」代表になり性的マイノリティの人権運動を始めた。1998年に韓国最初の性的マイノリティ雑誌である『BUDDY』を創刊し、2001年から現在まで「ソウルクィア文化フェスティバル」を企画している。ならびに現在「雨後の虹財団」の常任理事もしている。著書として『女たちのセックスブック』があり、共著に『クィアドロジー』、『#MeTooの政治学 ―― コリア・フェミニズムの最前線』などがある。

## 1 はじめに

数年前、某地域の女性団体へ講義をしに行ったときだった。早めに到着したので講義開始前に団体の活動家たちとあれこれ話を交わすことになった。そこで五〇代の活動家が、前の晩に夫と交わした対話を聞かせてくれた。彼女は団体が行う講義について話し、明日来る講師がレズビアンだと言ったという。夫はその言葉にびっくりして残念がったという。レズビアンは男とまともにセックスできなかったからそうなのではないかと「俺に一度でも会っていればレズビアンにならなくてもよかったかもしれないのに、お前が許してくれるなら明日講義のときに俺が行くよ」と言っていたので、後で来るかもしれないと言った。明らかに笑わせようとした話であった。どんな女であれすぐに「落とせる」という男の虚勢は明らかに笑い話だ。私は戸惑ったが、最初は一緒に笑った。心から唖然としたので、わざと豪快で余裕のある姿を見せようとした。

しかし笑いの空気が消えてから、私はその男が本当に来るかもしれないと気にかかった。その人が私にどんなことをするか怖かったからではない。そんな隙すらないだろうから。しかし彼が講義室に座っていたとすれば、私は明らかに「男性の手が必要な女性」として見られるであろうし、その視線を講師としてどう耐えて扱うべきかわからないという内的な葛藤があった。幸いにもその人は来なかった。家に帰る高速バスの中で私はあらゆる状況を考え続けた。あの言葉は私にとって性暴力を暗示するほかないものだが、なぜ彼らにとっては面白い笑い話であったのか。なぜ私はその場で一緒に笑うだけだったのか。なぜ私はその場で怒ることができなかったのかを、ずっと考え込んでしまった。

堂々と「カミングアウト」したとしても、その意味が常に私の意図通りに人々に伝わるわけではない。私は私の「生」を明かしたと考えるが、人々はそれを「性経験」の履歴を明かす程度にしか受けとめない。時には同性愛者に向けられた暴力がむしろ「正しい人間」へと矯正させるための意義ある行為として装われる現実も目撃することになる。またその瞬間に怒りを見せる代わりに「デリケートな」同性愛者として見られないための自己検閲がまず作動しもする。

本章は、同性愛者が生きていく中で体験するこのような矛盾的状況をじっくり分析してみる試みだ。カミングアウト（coming out）を個人の勇敢な決断と見なせば見なすほど、私たちは社会を変化させる機会を逃すことになる。準備されていない状態において同性愛者であることを暴露されるアウティング（outing）は明らかに恐ろしいことであるが、アウティングを放置しようとすればするほど、私たちはより危険になる。過度に目立つ同性愛者のふるまいさえしないならば人権を尊重すると約束するカバーリング（covering）は、同性愛者を社会に適合した人間として巧妙に飼いならす。このような矛盾に嵌らないためには、私たちはどうするべきなのか？　マイノリティは被害者なのか？　マイノリティは社会の保護を受けつつ生きねばならない存在なのか？　マイノリティはいかに世の中に抗うのか？

## 2

## カミングアウトとアウティングの歴史

### カミングアウトとアウティングは米国でいかに登場したのか

カミングアウトとは、そもそも若い女性が社交界にデビューする瞬間を指す用語だった。幼い少女としてのみ扱われてきて、ついに人々の前で華麗な衣装に身を包み正式にパーティーに参加するという意味のカミングアウトは、二〇世紀初めの米国の同性愛者コミュニティで「同性愛者が別の同性愛者たちの集まりに登場し、自分を初めて現わす瞬間」を意味する用語として使われ始めた。(1)

一九五〇年代に同性愛者に関してほぼ初めて偏見のない研究を展開したエブリン・フッカー（Evelyn Hooker）博士は、カミングアウトする空間としてゲイバーの役割と意味に注目した。同性愛者たちは最初にゲイバー(2)で「自分と同じ人々」に出会う中で、同質感と安定感を覚え、最終的に自分を受容することになる。その瞬間をカミングアウトと呼んだ。

主に私たちが知っている「クローゼットから出る（coming out of the closet）」という意味のカミングアウト

は、一九七〇年代以降に登場した。一九六九年六月二八日未明、ニューヨークのグリニッチビレッジの小さな酒場であるストーンウォール（Stonewall）で始まった暴動が歴史的変化をもたらす契機になった。当時ニューヨークの警察はあたかも慣例であるかのように定期的にゲイバーを急襲して客の何人かを見せしめに捕まえ、店主からは金をむしり取っていた。それまで警察の暴言と暴力にいつも無気力にやられるがままであったゲイ、レズビアン、バイセクシュアル、クロスドレッサー、トランスジェンダーたちが、その日だけは我慢しなかった。警察の荒々しい手を払いのけ、罵り返し、侮辱を中断せよと要求した。ヘアピンと口紅、靴を投げた弱者たちの抵抗は、ただちに鎮圧に来た機動隊に立ち向かう流血闘争へと拡大した。

この闘いは数週間続き、結局は終わり、警察はそれ以降もたびたびゲイバーを急襲した。しかしその日の経験は性的マイノリティの人権運動を決してそれ以前に後戻りできないように転換した。同性愛者（gay）という単語が入った人権運動団体が結成され、雑誌も発行された（それ以前の団体や雑誌は直接的に同性愛という単語を使わなかった）。そして一九七〇年六月二八日、ストーンウォール抗争一周年を記念し、歴史上初の「プライド・パレード」が開かれた。ニューヨーク市内の路上の真ったただ中で自分が同性愛者であることを、両性愛者であることを、トランスジェンダーであることを、ありのままにさらけ出し社会に同等な権利を要求する横断幕とピケットを持って行進したのだ。

このときクローゼットの外へ出ろという叫びは、路上に出て「私たちはここにいる」と叫び、私たちが存在していることを見せようという意味だった。抑圧と差別にひるんで異性愛者であるかのように偽装して生きるのはもうやめよう、社会に平等と自由を要求しよう、自己嫌悪に嵌らずに自ら誇りを持とうという運動が登場したのだ。

こうしてカミングアウトは自分と同じ人々の前に登場するということだけではなく、自分と異なる人々に自分が何者であるのかを明かす意味へと拡張された。その後さらに、一九八七年に米国最大の同性愛者人権団体であるヒューマンライツキャンペーンは、一〇月一一日を同性愛者、両性愛者、トランスジェンダーたちのためのカミングアウトの日に定めた。より多くの人々がカミングアウトをし、カミングアウトを支持する雰囲気を高めるためであった。カミングアウトは世の中を変える「力」のある道具として認識された。

他方で一九八〇年代には、エイズ危機にも見舞われた。数多くの人々が死んでいくのにもかかわらず社会的セーフティーネットは同性愛者たちのために動くことはなかった。同性愛者たちは偏見と死の壁をどうにかして壊し、越えていかねばならなかった。だから一九九〇年代の同性愛者人権活動家たちは、自分の性的アイデンティティを隠して暮らす有名人たち、とりわけ同性愛嫌悪発言をしたり反同性愛政策を支持する者たちを強制的に「アウティング」させる戦略を立てた。クローゼットの中で富と名誉を摑んだまま既得権を享受する有名人たちを外へ引き出すことは偽善を暴露するだけでなく、「私たちはどこにでもいる」というカミングアウトのメッセージを強化することでもあった。もちろんこのような「アウティング」運動は公益のためという名目で個人のプライバシーをむやみに侵害してもいいのか、権力者の偽善も果たして保護の対象なのかという激しい論争を生んだ。

## 一九九〇年代韓国、「デビュー」から「カミングアウト」へ変わる

前節では米国のカミングアウトとアウティングがどのように登場し変化したのかを検討した。では韓国の流れはどうだったか？

韓国でも同性愛者とトランスジェンダーたちが集まる酒場、喫茶店、映画館のような空間が、少なくとも一九五〇年代から存在した。[3] しかし当時としては自分の存在を「自尊心」で解釈することは困難だった。「ボガル〔卑下的にゲイ男娼という意味〕」や「トドク〔卑下的な女装の意味〕」のように自らを卑下する自嘲的な言葉を隠語として用いた。レズビアン・コミュニティには「ズボンさん」「スカートさん」のような隠語があった。[4] 社会は同性愛者とトランスジェンダーの存在を知らないわけではなかったが真摯に関心を持つことはなかった。非正常的な逸脱者として時折興味の対象として新聞や雑誌が取り上げる程度だった。

そうして一九八七年に韓国社会は民主化を勝ち取り、大きな転換期を迎えることになる。つまり独裁政権打倒の他にも多様なイシューを社会的議題として扱えるようになったのだ。一九九〇年代に入りフェミニズム、性政治、同性愛者解放運動、クィア政治学は新しい社会を予告する理論であり実践として脚光を浴びた。インターネット通信や一五三番ボイスメールサービス開発のような技術的変化、ヤング・フェミ

ニスト（Young Feminist）の登場、同性愛者人権運動団体の結成といった運動主体の多角化などは、性的マイノリティコミュニティを以前にはとうてい想像できなかった方向へと導いていった。

米国ではストーンウォール抗争が起点になり一九七〇年代以降のカミングアウトの意味が変化したとするならば、韓国では一九九〇年代がそのような瞬間であった。カミングアウトという単語が紹介され本格的に使われ始めた。それ以前に性的マイノリティコミュニティには「デビュー」という隠語があった。主に男性同性愛者コミュニティで用いられたのだが、「お前はいつデビューしたんだ？」と問えば、いついかなる経路で同性愛者たちが集まる酒場、映画館、公園が存在することを知ったのかと、それぞれのきっかけを語った。「デビュー」は同性愛者として自分を初めて認め、同じ同性愛者に出会うための第一歩を踏みしめた瞬間を意味した。

しかし人権運動団体とインターネット通信を中心にした性的マイノリティのコミュニティが登場するなかで状況が変わった。酒場ではなく人権運動団体の事務室、インターネット通信の掲示板、大学キャンパスなど新しい経路で自分の性的指向やジェンダーアイデンティティを受け入れた者たちにとって「デビュー」という単語は慣れないものであり似つかわしくなかった。「私たちは芸能人なのか、デビューだって？」のような言葉がかけ巡り、「デビュー」があるならつまり「引退」もあるということになってしまい、一生維持されるアイデンティティと自尊心を込めるには足りないという指摘も出た。「デビュー」はだんだん死語になった。「デビュー」という言葉を使うと人権意識が低い人として追いやられることも起こるほどだった。
しかし「デビュー」がカミングアウトに比べて「クローゼット」を強化しただけだと見なすことはできない。同性愛者、両性愛者、トランスジェンダーたちに精神異常者、性中毒者、性倒錯者のように不名誉の烙印（stigma）を容赦なく押してしまう社会において、烙印を自分の体から消そうとするかわりに烙印が押された存在として別の誰かに出会ったという意味でもあるからだ。それは時間と場所によって、誰とともにいるのかによって烙印を別のやり方で扱えもするという経験が積まれる過程であった。烙印が自分一人だけのものではないと知ること、そして烙印を消したり露わにしたりを繰り返しつつ烙印自体に対する意外な自信を少しずつ得るようになった。

結局、国家暴力、性暴力、差別解消が重要な社会的議題として浮上した一九九〇年代になり、性的マイノリティたちも「皆のための自由と平等」という夢を抱くようになった。他の人に自分が何者であるのかを明かす「カミングアウト」をし、自分も人間として、同等な権利と社会の中で尊重される生を享受するという夢だった。カミングアウトは萎縮していた同性愛者が真っ暗なクローゼットの扉を勇敢に開いて出ていき、外の明るい陽を浴びて正直であることと堂々とあることの幸福を享受する場面として描かれた。コミュニティ内では家族や友達にカミングアウトをうまくやる秘法を共有し、カミングアウトをすれば祝ってやり、カミングアウト後に辛いことが生じれば慰め、助けようとする文化が生まれた。

そして新しいミレニアムを迎える二〇〇〇年九月に、有名芸能人のカミングアウトが世間を騒がせた。

大韓民国国民が同性愛者、カミングアウト、アウティングという単語を一度に知ることになった大事件であった。

## カミングアウトの反対語になってしまったアウティング

先に述べたように米国での「アウティング（outing）」は、自分が同性愛者であるにもかかわらず同性愛者の人権向上のために努力するどころか、むしろ抑圧の手先になる政治家や有名人たちの偽善を暴露するために始められた。しかし韓国でのアウティングは、むしろ反対の状況で始められた。

複雑に入り組んだ経過を整理してみよう。二〇〇〇年九月一七日付『日刊スポーツ』〔韓国の新聞〕に芸能人ホン・ソクチョンのカミングアウト記事が単独報道された。それは誰も予想できなかったことであった。当時ホン・ソクチョンはオリンピックの応援のためにシドニーにいた。記者たちは同性愛者人権活動家たちに電話をかけて事実なのかを確認しようとし、活動家たちは本人の意志が確認できない状態なのでいったん「知らない」と口をつぐんだ。インターネットで同性愛者が集まる掲示板に書き込まれたホン・ソクチョン関連の文章も削除し、記者たちが気づかないように準備した。

記事が出て五日後にホン・ソクチョンはMBC放送局の番組『ポポポ』から出演停止を通告され、次々に出演契約が取り消された。一〇日後の九月二七日、ホン・ソクチョンは同性愛者であることを明かすインタビュービデオを自ら制作し、放送局に送ることで公式にカミングアウトした。人権諸団体は即時に「ホン・ソクチョンのカミングアウトを支持する人々の会」という組織を作り、放送出演取り消しなどの差別行為に共同で対応した。記者会見を開き、全国的に支持署名を集め、放送に復帰できるよう世論を作った。

他方で人権諸団体は『日刊スポーツ』の報道態度も問題にした。当事者が準備する時間もなく暴露して、無防備状態で出演停止をされるような状況を作ったという点で問題だと指摘した。無責任に暴露するメディアの態度を指摘するために、当時同性愛者人権活動家たちは「アウティング」という単語を使用した。一九九〇年代までほとんど使われることのなかった「アウティング」という単語は、この事件以後、カミングアウトと同じくらい社会的に有名な用語になった。

しかし『日刊スポーツ』を批判するためにこの事件を「アウティング」事件として命名するのは果たして適切な運動戦略であっただろうか。『日刊スポーツ』の記事はホン・ソクチョンが九月初旬に某月刊誌とのインタビューで自ら同性愛者であると明かしたことを紹介する内容だった。記事自体はカミングアウトを支持する内容であった。実際ホン・ソクチョンはすでにカミングアウトを決心していた。八月初めに出演したあるトーク番組では「男が好きだ」と語ったが、プロデューサーがその部分を編集したので放送されることはなく、その情報を入手した月刊誌の記者がインタビューを求めてきたので、きちんとカミングアウトする機会だと思って応じたのだ。[5]

このような点で「アウティング」されたと整理するのは、対社会的にカミングアウトをした彼の決断をともすれば退色させると言える。アウティングの代表的事例として『日刊スポーツ』に言及することが繰り返され、実際にホン・ソクチョンがいきなり私生活を暴露される被害を負い、他に方法がなく泣きながらカミングアウトをしたと記憶する人々も多い。このようなストーリー化を経て韓国のアウティングの歴史は米国と完全に異なって形成された。つまりアウティングはカミングアウトの反対語になった。

## 3 カミングアウトをやり抜く準備はできたのか

### 同性愛者はなぜカミングアウトをするのか

カミングアウトは「告白」と同義語ではない。韓国においてカミングアウトという単語が有名になり、各所で様々な形で使われ始めた。ひどい場合は人々が隠してきた犯罪事実を告げたり、だましてきた過去の履歴を告白することにもカミングアウトという単語が使われた。言語の属性上、どの言葉を誰がいかに使うかを取り締まることはできない。しかし少なくともメディアや専門家の文章や語りでは、カミングアウトを自白や暴露と同義語で用いてはならない。カミングアウトは単純に個人の私生活や隠れた秘密を明かすという意味ではない。カミングアウトは私たちが暮らす社会がいかにゆがんでいるのか、その隠れた構造を明かす単語だ。

考えてみよう。なぜ同性愛者はカミングアウトをするのか。あるいはなぜカミングアウトをせねばならないのか。どうして異性愛者はカミングアウトが不可能なのか。大きく深呼吸をした後に、自分が異性愛者であると友達や家族に用心しながら告白するように述べたからといって、その言葉にびっくりされることはない。さらには勇気を出して言ってくれてありがとうという言葉や、気持ち悪いなどの罵りを聞かされることもない。これに比して同性愛者であると述べることが、なんでもないかのようにやり過ごされることなどほとんどない。

実際、同性愛者がカミングアウトをする理由は単純だ。同性愛者と強いて述べてこそ、ようやく異性愛者ではないということがわかるからだ。私が同性愛者であるということを知らなければ、人々は当然であるかのように私を異性愛者として対し続けるであろうし、私は自分ではないままで生きるとか、自分ではないふりをするとか、とにかく自分で自分を騙して生きねばならない。それゆえカミングアウトをすることよりもカミングアウトをせずに生きることのほうが、実際には遥かに困難なことだ。

したがって問いは、なぜ同性愛者はわざわざカミングアウトをしようとするのかではなく、なぜカミングアウトをできないでいるのか、という形で私たちの社会に投げかけられねばならない。どうして正直に生きることより自分を騙して生きることのほうが賢明な態度であるかのように勧めるのかを問わねばならない。同性愛者も明らかに存在するのだが、なぜ誰もあらかじめ知らせてくれなかったのかを問い詰めねばならない。

同性愛者は秘密を抱いた人ではなく、秘密を見抜いた人だ。本当の秘密は私たちの社会がそもそも異性愛者だけで満たされているわけではないという事実であり、はるかに多様な人がいるという現実だ。しかし秘密を知ることは禁じられている。このようなわけでカミングアウトは必然的に人々の信や常識と期待、そして幻想を壊すことだ。それゆえ誰かがカミングアウトをすると、とりわけ家族や友達のように近い人がカミングアウトをすると、さらに大きな衝撃を受ける。衝撃は、怒ったり殴ったり無視したり、ときには聞かなかったふりをすることまで、多様な反応へと至る。しかし衝撃を自分の固定観念や偏見が壊れる苦痛として受け入れる者たちにとっては、カミングアウトは感動と教訓の瞬間になる。結局のところ同じカミングアウトだとしても、そのカミングアウトを受け入れる人の態度によって結果は異なるものになるのだ。

## クローゼットの中には誰が暮らしているのか

カミングアウトの本来の意味が「クローゼットから出る」であることを思い起こしてみよう。私たちは「出る」という行為のみならず、文章では省略された「クローゼット」にも注目せねばならない。二〇〇七年に韓国性的マイノリティ文化人権センターでは、カミングアウトをした日本の政治家尾辻かな子とその母を招聘して討論会を開いたことがある。この日、尾辻かな子の母である尾辻孝子はこのように述べた。「子どもがカミングアウトをしてクローゼットの外に出ても、親はそのときクローゼットの中に入ります。今後自分が同性愛者の子を持つ母だという事実を、もしかして他の人々に知られるかもしれないと恐れるのです」。

これが真実だ。クローゼットは同性愛者専用にオーダーメイドで作られてるのではない。子どもが同性愛者であることを知れば、同性愛者の親用クローゼットが新しく作られるのでもない。私たちはすでに皆クローゼットの中にいる。私たちの社会、世の中自体が、まさしく一つの巨大なクローゼットだ。子どもがカミングアウトをすると親がクローゼットに入るというのは、まさしくこのような意味だ。秘密を悟った者だけがクローゼットを認識することになる。

それゆえに同性愛者たちがカミングアウトをしたときに最も多く言われる言葉、そしてクローゼットに閉じ込められる危機を感じた親たちがまず最初にかける言葉が「異性愛者になる方法はないのか？」のような「転換」の要求だ。医療的観点では精神科治療、心理相談、物理的手術が動員される。宗教的には霊魂の感化や懺悔を試み、それらがうまくいかないときには社会的犯罪として扱う。すでに同性愛者として生きてきたにもかかわらず、「私は異性愛者です」と言葉だけ変えれば治療は成功し、罪が赦され、「更生」の生を得る。考えてみればいかにおかしなことであろうか。

同性愛者が私たちの周辺に平凡な隣人として、家族として、友だちや同僚として存在するということ、この世界は異性愛者のみで構成されていないということは第一級の秘密だ。存在もしない同質感で社会共同の規範と性役割を作り出したがゆえに、秘密は常にもろい。つまりカミングアウトはクローゼットから出て自分の存在を露わにすることではなく、私たちが実際にいかなる社会に生きているのかを露わにすることだ。クローゼットを開けて出てきても、私たちは今なおクローゼットの中にいる。言い換えれば異性愛者であれ同性愛者であれ同じクローゼットの中に生きている。にもかかわらず異性愛者は同性愛者を自分の世界の外に暮らす存在として想像し、世界を自分たちだけのものとして守った。同性愛者は想像の世界へと追い出されないために、現実においてむしろ透明人間にならねばならなかった。

透明人間が自分の姿形を現わすときに必要なのは目撃者だ。目撃者はカミングアウトに応答せねばならない。カミングアウトと応答がつながり積み重ねられることで、クローゼットの構造的瑕疵が鮮明に現れるだろう。

この過程を最もよく見せてくれる場所がまさに「性的マイノリティ親の会」だ。子のカミングアウト以降、クローゼットを経験した親たちも秘密を知ることになった。最初は衝撃を受けて辛く思ったり怒ったり悲しんだりするが、だんだんクローゼットの意味を悟っていく。性的マイノリティの子を持つ親だという理由だけでクローゼットに閉じ込められることを悔しく思い、とうとうクローゼットの意味を悟った親たちは、世界を見る目が変わっていく。親たちは子がかわいそうで助けるのではなく、自分もまたよりよい世界を作るために苦労せねばならない「当事者」であることを悟るようになったと語る。

## カミングアウトに必要なものは勇気ではない

カミングアウトをする際に勇気が必要なのは事実だ。しかしその勇気は必ずしも大衆の前に進み出る勇気のみを意味しない。カミングアウトはまず自分自身に「大丈夫。私は同性愛者であり、あるがままの私として生きてもいい」と述べることだ。その次に同性愛者コミュニティに出ていって共同体を感じ、その中で所属感という資産を得る。この段階以降のカミングアウトは一生繰り返すことになる。周りの人々に、ときには対社会的な不特定多数にまでカミングアウトをする。しかし一度では終わらない。ある人は聞こえないふりをして、ある人は覚えていないと言い、ある人は私の言葉を否定し存在に侮辱を加えもするので、繰り返し続けねばならない。

カミングアウトは最初には一人で始めるが、必ず相互作用を呼び起こす。しかしカミングアウトを「特ダネ」として扱おうとする者たちは、常に観覧者の姿勢を取ろうとする。あちこちで講義をしていると、よく投げかけられる質問の中には「なぜレズビアンたちはカミングアウトをしないのか?」というのもある。あるときは、あまりにももどかしくて「私が今カミングアウトをして講義をしているのが見えませんか?」と問い返したこともある。こんなふうに質問をする人々が映画俳優やタレントのような有名な女性芸能人のカミングアウトを暗に期待していることも知っている。だから私はもう一度問う。なぜそんなに女性芸能人たちがカミングアウトするのを望むのか、と。彼女たちがカミングアウトをした後にいかなる言葉を聞くことになるのか、いかなる威嚇を感じることになるのか、何を耐えて生きることになるのかを考えてみたのか、と。

韓国で多くの女性たちはほとんど日常的に性暴力被害を受ける可能性にさらされている。カミングアウトはこれに加えて「矯正レイプ（corrective rape）」の威嚇を耐え抜くことでもある。矯正レイプとは「正常人」になるように治してやるという目的で行われるレイプのことだ。本章の冒頭に記した事例は「言葉」だけで終わったが、そうでない場合もある。

それゆえ韓国社会が変化し人権が向上するように願うのであれば、性的マイノリティがカミングアウトすることを、ある個人の勇敢な決断としてフレーミングしないことが重要だ。カミングアウトを同性愛者の個人的達成や美徳、義務として扱うとき、私たちはクローゼットを壊すことにむしろ失敗する。

人々は「昨日あれ見た?」とテレビに出た同性愛者の話題を簡単に挙げるであろうが、前夜に家で聞いたきょうだいのカミングアウトについては自分の友達にさえ簡単には語れない。カミングアウトをするのは個別的な一人であるとしても、カミングアウトは個人単位で起こることではないからだ。親がどれほど頑固で保守的なのか、自分が暮らす地域の全体の雰囲気がどうなのか、経済的に独立が可能なのかなどによってカミングアウトは影響を受ける。同性愛者として自分が感じる羞恥心はないが、面子を重んじる頑固な親が感じる羞恥心に対する懸念ゆえにカミングアウトできないこともある。家族関係が、基本的な衣食住の解決はもちろん、学費補助、就職あっせんにまで強い影響を与える韓国において、カミングアウトは負担せねばならないものが多い。

あらゆるものを失う覚悟をしたといっても、実際に家族と断絶してほとんどの資源を失ってしまった後に負担せねばならない生の重みは、想像よりもはるかに重い場合が多い。このような現実を考慮するとき、私たちはカミングアウトを成功と失敗に分けるような評価を警戒せねばならない。しばしば親が喜んで子を受け入れたり友達が誰も背を向けなかったという幸福な結末を、成功したカミングアウトとしてうらやましがる。失敗したカミングアウトは家族や知人との関係が疎遠になったり、職場から追い出されることのように不幸なものになる。しかし私がカミングアウトをした後の関係がゆがむのであれば、それは彼らがカミングアウトを受け入れることに失敗したのであり、私のカミングアウトが失敗したのではない。被害を語ることのできる勇気を社会が個人に要求するとき、私たちは個人が負担する役目と自分を含む社会が負担する役目が別個にあると知らねばならず、同時にそれぞれの役目の境界を区分する感覚が必要だ。

カミングアウトした後、家から追い出されたり周囲からの暴言と暴力に苦しめられたり、解雇や辞退を勧められるというような不当な待遇を受けることは、個人が体験する失敗ではなく私たちの社会が作り出す共同の失敗だ。被害を受ける者たちのそばに立ち、ともに闘っていく者たちが必要な理由はまさしく共同の失敗を減らすためだ。

存在自体を抑圧するとき、存在を現わすことは最も強力な闘いの技術となる。カミングアウトの意味をこのように理解するなら、私たちはアウティングに対して別のアプローチもしてみることができる。私たちの社会は同性愛者という存在を現すなという。その点でカミングアウトとアウティングはそのタブーを破るという共通点がある。しかしアウティングはカミングアウトと分離して防止すべきこととして扱い、アウティングを非道徳的なものに限定する試みは、その共通点を見えなくさせる。

## 4 アウティングのジレンマ、その落とし穴から抜け出すこと

### アウティング防止キャンペーンが残した陰

二〇〇三年、韓国女性性的マイノリティ人権団体「キリキリ（それぞれどうしという意味）」は「アウティングは犯罪です」というスローガンを掲げてアウティング防止キャンペーンを始めた。「性的マイノリティの人権向上のための努力をするとしても、その前に少なくともアウティング被害を減らさなくてはならないという次元で企画」された。アウティング被害事例を集めて事件告発、被害者支援、アウティング犯罪加重処罰法制定を要求し、積極的にアウティング防止キャンペーンを展開した。

アウティングは「性的マイノリティの生の基盤を壊しうる危険」が大きいため、故意であれ単純な不手際であれ「深刻な人権侵害でありヘイトクライムに該当」すると見なした。このような強硬な態度は社会に他人の性的アイデンティティをむやみに話してはならないというメッセージを投げかける点で、ある程度の成果を達成した。しかし同時に多くの問題も残した。

アウティング防止キャンペーンは「カミングアウトする権利とアウティングされない権利は性的マイノリティの基本権[6]」であるとも主張したが、このような権利など成立不可能かつ達成不可能だ。正確に言えば、カミングアウトをする権利があるのではなく同性愛者という理由だけで差別されない権利があり、自ら明かそうが、偶然あるいは強制的に明かされようが同性愛者という理由でいじめられたり不当な待遇を受けない権利がある。アウティングされない権利もまた同様だ。「私がカミングアウトを直接するときまで私をアウティングさせてはならない」という意味になるが、先に述べた通り、カミングアウト自体が一生反復するものなので、誰にカミングアウトをいつして、誰にはしないのかを第三者が記憶して完璧にその範囲に合わせて秘密をともに保障することは困難だ。やたらと他人の私生活について話さないように努力せねばならないのは人情の常に属するが、言葉の過誤自体を「犯罪」として処罰するからといって予防できたり根絶できるわけはない。

カミングアウトであれアウティングであれ現れるのは「存在」だという点を思い浮かべよう。カミングアウトが私たちの存在を抑圧するクローゼットの差別的構造を明かすこと、そして隠さねばならないと強要される烙印をむしろ現わして自由を得る戦略であることを想起するとき、アウティングもまたこれと同様だ。逆から考えると、カミングアウトを願わない世の中であるなら、アウティングもまた願わないであろう。自分の周辺に、自分の社会に同性愛者が普通に暮らす平凡な存在として現れるのを願わないであろう。アウティングが金品の脅し取り、性暴力などの被害を負っても告発できないようにする脅迫の手段になるのは、まさにこのような社会の空気においてである。

結局アウティングをされない最上の対策は、最初から誰に対してもカミングアウトをしないことになる。誰も自分が同性愛者であることを知らなければ、自分をアウティングする人も存在しないからだ。アウティングによって発生する犯罪を防がねばならないのに、「アウティングは犯罪だ」というスローガンはアウティング自体を犯罪視する結果をもたらした。アウティングを「された」という言葉は、つまり被害者がいる事件が発生したという意味になり、アウティングを「させた」という言葉は加害者を指し示すことになった。

アウティングに対する恐怖が高まる中で副作用が生じた。たとえば、きょうだいが自分の日記を偶然に見た事件を「きょうだいにアウティングされた」と表現することなどがしばしば起こった。こんなこともあった。会社で不当解雇をされて労働庁に通報をした際に、会社の提出した経緯書によって自分がゲイであるとバレたので、会社をアウティングで告訴できるかと人権団体に問い合わせをするといったことである。この事案においてむしろ扱わねばならない点は同性愛者という理由で解雇が可能なのかである。これこそが不当解雇の決定的証拠でもあり、他の事由で解雇した後に同性愛者だからと正当化しようとしたのであれば、さらに悪辣な差別に他ならない。しかし「アウティングは犯罪」という公式は、むしろいかなる被害を受けたのかを把握しにくくする。

カミングアウトを通してであれアウティングを通してであれ、同性愛者ということが知られた後に引き起こされる差別と暴力は、私たちの社会に蔓延している偏見と嫌悪による。アウティングによる被害をいかに減らし防ぐかという議論に集中するためにも、いまやアウティング防止のジレンマから抜け出さねばならない。

## 私生活を保護してやるという差別

もしある組織内で同性愛者をあぶり出していじめたり処罰するならば、それは深刻な人権侵害だ。このようなあぶり出しを防ぐためにどうすべきか？　アウティングを強力に禁止すればあぶり出しを防ぎ安全になるのか？　この問いの答えを見出せるよい事例がある。

一九九三年、米国大統領クリントンはＤＡＤＴ（Don't Ask, Don't Tell）法案に署名した。いわば「聞くな言うな」という政策だ。当時米国は同性愛者の軍入隊および軍服務を許容していなかった。同性愛者の軍服務禁止は職業選択の自由をはく奪し軍人になる資格を否認する明白な差別だという指摘と、同性愛者の軍服務は兵力を弱めるという反論が張り合っていた。同性愛者の支持を得るために同性愛者軍服務禁止条項改正を公約にしたクリントンは、当選後に約束を守らねばならなかったが、合同参謀議長をはじめとする軍部の反対も意識せざるをえなかった。この渦中に出てきた欺瞞的政策が、まさしく軍隊内においては同性愛者なのかを聞きも答えもするなということだ。誰が同性愛者なのかわからなくなるので、同性愛者が入隊および軍服務を拒否されることもなくなるということだ。

国防省は同性愛者は軍人になる資格がないという公式的原則は維持しつつ、同時に能力が優れた同性愛者軍人は雇用し続けることができた。その上同性愛者に強制的に異性愛者になれと要求するわけでもないので、不当な抑圧を加えることでもない。だが国防省が得る利益に比べ同性愛者の軍人が得るものは何か？

DADT政策が導入されてから、一九九三年から二〇〇三年までの一〇年間だけでも七八〇〇人の性的マイノリティの軍人が解雇された。二〇一〇年にはその人数が一万四〇〇〇人に達した。結果的にDADT政策は同性愛者を保護しなかった。軍人たちは同性愛者としてメディアのインタビューに応じたり、同性に送ったラブレターを発見されたり、パートナーと同性結婚式を挙げたという理由で罷免された。[7]

DADT政策は同性愛者が軍人になれるようにしたが、軍人が同性愛者でありえないようにした。DADT政策は同性愛者をまずあぶり出さないと約束しながら、その対価としてカミングアウトも禁止した。このようにアウティング（暴露と漏洩）を防ごうとするとき、私たちはむしろ差別を容認することになる。ＤＡＤＴは同性愛者として私生活を享受しながら公的空間では少しの注意さえすれば何も起こらないだろうと約束する法だ。同性愛者という存在を私生活領域に閉じ込め、公的空間においては異性愛者であるふりを維持せよという、つまり「パッシング（Passing）」を要求する差別だ。

二〇一〇年、オーディション番組「スーパースターＫ」のある出演者が自分を同性愛者だと明かした時、二〇〇八年にソウル市鍾路区の国会議員候補が同性愛者だとカミングアウトしたとき、「なぜわざわざ同性愛者であることを明かすのか」と非難する声があった。言わなければわからない私生活をわざわざ公的空間で明かすことは注目を引くための卑怯な広報戦略だと批判された。ここ数年間、全国のいくつかの大学の総学生会選挙でカミングアウトした候補たちも同じ攻撃を受けている。私生活と個人の性的アイデンティティを過度に公的領域に引き出したと批判を受けるのだ。

しかし異性愛はどうなのか？　異性愛は私生活か？　違う。異性愛者は決して異性愛自体を私生活にできない。たとえば、私たちの社会が大統領の妻を令夫人と呼んで公的地位を付与するようにだ。このようなわけで性的マイノリティの私生活を保護してくれという運動は、むしろ性的マイノリティの人権を守れないという陥穽に嵌る。性的アイデンティティを「プライバシー」の権利にしてしまった同性愛者はむしろだんだんとカミングアウトできなくなる。クォンキム・ヒョンヨンが指摘するように「私生活だけを持つ者たちに私生活を保護してやるということは、すなわち私生活だけを享有せよという意味」になる。(8)

私生活と「アウティングの論理」も複雑に絡まっている。先に述べたように米国におけるアウティングは、同性愛者であることを隠し同性愛嫌悪の手先になる有名人たちの偽善を剝がし取り強制的にでもカミングアウトをさせる戦略として使われた。しかし韓国におけるアウティングの議論はむしろ、有名人たちが普段どのように暮らしていようが、決して同性愛者であると露わにならないように保護してやる役割をする。アウティング「加害」という倫理的負担は、芸能人の私生活を専門に扱うイエロージャーナリズムさえも報道しないほどだ。だからといって同性愛者たちが日常生活において感じるアウティング恐怖がだんだん減っているわけでもない。ブロマンスなどの同性愛コードは大衆メディアにおいて頻繁に扱われているが、これは同性愛者の実際の生の質が高まることにつながらないであろう。ともすればアウティングとカミングアウトに対する新しい議論が必要なのかもしれない。私はその悩みを、次のカバーリングについての話に連結してみようと思う。

## 5 カバーリングに応じないこと

### それっぽさを出すなという最も巧妙な抑圧

カミングアウトをする同性愛者が徐々に増えて、社会で自分の位置を要求するようになると、主流社会は再びより精巧な差別システムを作り出した。米国の法学者ケンジ・ヨシノは、著書『カバーリング』において、これを「カバーリング」という概念で分析した。社会心理学者アーヴィング・ゴッフマンの名著である『スティグマ』[9]からインスピレーションを受け、二〇〇二年に論文発表して大きな反応を得た後に、二〇〇六年に単行本として出版された。『カバーリング』は二〇一七年には韓国で翻訳出版された。[10]

ケンジ・ヨシノは社会的マイノリティたちが体験する差別を、転換（conversion）、パッシング（passing）、カバーリング（covering）[11]の三段階に大きく分けた。これを簡単に説明すれば以下のようになる。最初の段階で同性愛者は異性愛者へ「転換せよ」と要求される。これには転換するのを手伝ってやるという名目で監禁、殴打、薬物投与、脳手術のような直接的暴力が伴うこともある。第二段階は同性愛者であることを隠して「異性愛者のふりをしろ」というものだ。無理やり異性愛者になれという抑圧は加えないから異性愛者ではないふりもするなという要求だ。異性愛者であるふりをするならば、特別に差別を加えないという新しい差別なのだ。しかしこの誘惑に惹きこまれずに同性愛者たちはカミングアウトをして社会の構成員として同等の権利を認めよと声を上げた。ここで第三段階として登場したのが、まさしく同性愛者であることを「見せつけるな」というカバーリングだ。[12]同性愛者であることまでは大丈夫だと見なしてやれる。しかし同性愛者というそぶりを見せつけ、ひときわ目立つならば、差別を呼び寄せるであろうから静かにしていろ。そうしていれば何の問題も起こらないだろうという要求だ。

ケンジ・ヨシノはこの三段階を次のように明瞭に説明する。「転換が同性愛者と元同性愛者を分け、パッシングがカミングアウトした同性愛者とそうではない同性愛者を分けたならば、カバーリングは「ノーマル」と「クィア」を分かつ[13]」。

「クィア」は社会が提示する規範に従順に従わない人々、互いの差異を片方の誤りとして解釈せずその差異を楽しみ尊重しようという態度、主流に便乗せず周辺部に向かった視線を意味する。カバーリングはまさしくそのクィアたちを飼いならそうとする試みだ。これをよく理解できる適切な例を二〇〇〇年代初めにあった〔韓国のトランスジェンダーの芸能人である〕ハリスのインタビューに求めることができる。あるインターネット放送局のトーク番組で、司会者はハリスに「ホン・ソクチョンさんはカミングアウト後に放送局から追い出されたのに、ハリスさんはむしろ成功した理由は何だと思いますか？」と質問した。これに対しハリスは次のように答えた。

> ホン・ソクチョンさんも頑張ってやってきましたが、いきなり追い出されたのは受け持っていた番組が子ども番組だったので、子どもに大きな影響を与えると思われたのでしょう。私は普段、一般の性になった私の生自体をドキュメンタリーでありありとすべて話しつつ、その最中にも隠すべきところは隠しましたよ。青少年、その中でも子どもたちが見てはならないもの、聞いてはならないものを私自らがしてはなりませんから。しかしホン・ソクチョンさんはカミングアウトをした後にオーストラリアのマルディグラに行き、ゲイフェスティバルに参加して自分の恋人と腕を組んだ写真までネッ

トで送ってきました。自分の性的指向を明かすことは勇気があってよい、これでした。しかし私的に自分が何をするのかまで明かす必要はないと思います。たとえば自分が性転換手術はこうするんですと画面で見せると考えてみてください。むしろ反発が生じるだろうと思います。ある程度自分自身が話すことに責任感を持つべきなのに、その部分が足りなかったのではないかと思います。(14)

ハリスの発言は、マイノリティがカバーリング要求をいかに内面化するかを示している。青少年が見たり聞いてはならないことをまず自ら隠し、不愉快に思われうる私的な部分は現わしてはならないということ、そして私的なものを現わしてはならないということがまさしくカバーリングだ。そうすることによって初めて人々(同性愛者やトランスジェンダーではない平凡な一般大衆)から、ともに暮らしていく健全な市民として承認される。

社会はマイノリティにカバーリングを要求し「お前たちも主流になれる」と妥協案を提示する。つまりいかなる同性愛者になるか、いかなるトランスジェンダーになるか、その限界とやり方をよく考えて決定せよと述べる。これは差別を社会構造的な不平等の問題ではなく個人の資質に関わる問題にする。

カバーリングはハリスをスターにしたが、同じやり方で願いを成し遂げられなくもした。「女よりもっと綺麗な女」という修飾語は、女優および女性歌手としての活動を可能にし、大衆は戸籍上の性別訂正、愛する人との結婚と婚姻届まで受け入れた。しかしハリスが養子を迎えると明かすと世論は変わった。子どもの幸福のことを考えない利己的な欲心であると非難する声が高まった。トランスジェンダーが異性愛者として暮らすことは主流の規範に符合すると感じられたが、生物学的女性でもないのに母になろうとすることは容認できなかったのだ。カバーリングはマイノリティの生に関心がない。ただ社会が要求する「状態」に符合するかどうかだけを重要視する。それゆえカバーリングを完全に遂行することは最初から不可能だ。しかし巧妙に、マイノリティたちに他の社会的地位と待遇が可能だという錯覚を、自らするようにしむけ続ける。

## 「世界で最も安全なオッパ」という陥穽

二〇一〇年代に入り同性愛者に要求されるカバーリングは、異性愛者の目の高さに合わせて全く危険に見えない同性愛者、すなわちこの程度の同性愛者であればともに社会で過ごすことができると、異性愛者に思わせることだ。

最近放送局はホン・ソクチョンに「世の中で最も安全なオッパ（女性から見た年上男性の呼称）」と「危険なヒョン（男性から見た年上男性の呼称）」という修飾語をつけた。女性芸能人たちと並んで座っていても違和感を持たせずに行動する男性同性愛者は異性愛者女性と異性愛者男性の両方を安心させる。彼は誰の競争者にもならない。同性愛者男性に「世の中で最も安全なオッパ」という修飾語が付与されるとき、「安全でないオッパ」をより正常で自然な存在と見えさせる効果が発生する。世の中のほとんどの男性、つまり異性愛者の「オッパ」は、元来危険な存在だ。だがこの「特別な」オッパは「異性愛者ではなく」同性愛者であるがゆえに安全だということが前提にされるからだ。

であるならば「最も危険なヒョン」はどうなのか。このような冗談を男性芸能人たちが恐れもなく発することができるというのは異常なことだ。普通、男性たちが最も激烈に同性愛嫌悪を現わす瞬間は、まさに自分が別の男性に「愛される男性」として見える可能性があったり、そのような欲求を自分の内面から感じるときだ。愛したいことより愛する人に愛されたいということは「正常な男性性」に含まれていない属性だ。愛される位置を受動的な位置、男性らしくない位置として考える者たちであればあるほど、男性が愛される位置にいる場面自体に耐えられない。同性の友達がカミングアウトをするときよりも自分に愛を告白するとき、むしろ怒りを表出し相手を殺すことまで起こる。[15]

「最も安全なオッパ」が同時に「最も危険なヒョン」になりうるのは、同性愛に対する偏見をなくし肯定的に受容した結果ではない。ゲイに対する古くからの偏見には「過剰な性欲」を持つ男性というイメージがある。女性を好むべきなのに男性に性欲を感じるほど性欲が過剰になったと見なし、かつての英国では男性同性愛者に「女性ホルモン」を投与する処罰が下されもした。過剰な男性の性欲を女性ホルモンで低めて正常にせねばならないという理由であった。

だがホン・ソクチョンは一九九〇年代末に人気が高かったシチュエーションコメディ「男三人女三人」

で女性らしいデザイナー「プアゾン」の役で有名になり、その後にカミングアウトをした。女性らしいゲイという偏見が作動するならば、ホン・ソクチョンのイメージは「最も危険なヒョン」ではなく「最もなめてかかれる、最もいじめやすい、男らしくない」、どこか不足したヒョンにより近かったであろう。だが他の男性に対して「危険なヒョン」になるということは「過剰な性的主体」という典型的な男性性の方に寄せた表現だ。結局「最も安全なオッパ」と「最も危険なヒョン」は、同性愛者に対する偏見をそのまま現わす言葉なのだが、当事者の承認があればいくらでも使えるがゆえに楽であり、既存の典型的男性性に触れずにむしろ強化する言葉であるがゆえに耳障りにならない。

カバーリングは決して露骨に現れない。親切に隣の席を差し出してくれるようなものであるが、これがすでに計画された全体的な下絵を乱すわけはない。たとえレズビアン芸能人がカミングアウトをしたとしても、「世界で最も安全なヌナ（男性から見た年上女性の意味）」という修飾語が生じるわけがないように。

## カバーリングと同時に要求される逆カバーリング

数年前、法務省の要請で難民審査委員会の会議に専門家として助言するために参加したことがある。同性愛者であることが明らかになれば法的処罰を受ける国から逃げてきた事例であった。レズビアンとして難民申請をしたが審査委員たちは彼女が本当にレズビアンなのか確認できなくて、簡単に決定を下せないでいた。審議委員のうち一名は私に難民申請者に直接会ってみて本当にレズビアンなのかどうかを判別してくれと要請した。私は当然断った。レズビアンは互いに見分けることができるという想像、レズビアンであれば明瞭にどこか異なるそぶりが生じるであろうという期待が「逆カバーリング」の要求だ。

難民審査の核心は彼女が本当にレズビアンなのかどうかではなく、彼女が逃げてきた国が同性愛者を弾圧する政策や社会制度や慣習があるのかどうかにあり、レズビアンであることを証明する難しさと同じくらいレズビアンでないという事実もまた証明が難しいがゆえに、本国へ戻れば迫害を避けられないという点に関心を向けてくるよう訴えた。私はその審査結果が最終的にどうなったのかを知らない。しかしこの状況はそれ自体としてカバーリングと逆カバーリングの要求が、いかに一人の生を抑圧しているのかを示す。故郷で暮らすときは異性愛者であるふりをしてできるだけそぶりを見せてはならず、難民として認めてもらおうとすれば同性愛者として十分にそぶりを見せねばならなかった。しかし両方をどうしたら同時にできるというのか。

二〇一七年にEBS放送局の番組「つっかかる男女」に性的マイノリティたちが出演したことで起こった論争と、それに続いて発生した事件も同様だ。番組の設定自体が教室で起こることを扱ったものなので出演者たちはみな制服を着ていた。バラエティ番組で出演者たちが制服を着る設定はありふれているにもかかわらず、ひときわこの番組だけ性的マイノリティたちが制服を着ることは不適切だと非難された(16)。続いて両性愛者だとカミングアウトしたパネリストの出演契約が打ち切られた。セックスコラムニストとして彼女が述べた言葉は専門家の発言として評価されず、あたかも紊乱なる両性愛者の妄言であるかのように不当に非難された。

ソウル広場で開かれるクィアパレードが、参加者たちの露出が酷いという理由で非難されるのも同様だ。非難する側は子どもと青少年を保護するためだという名分で「露出」を問題にするが、実際に大韓民国のあらゆる祭で女性を性的対象化したり商品化する傾向は深刻である。これらの祭は淫乱だと非難されない。同性愛者が街路に出たということ、露出をしたということ自体が、すでに神経を逆なでするがゆえに非難するだけだ。そしてこのような非難は性的マイノリティコミュニティ内部でも同じように出てくる。社会をきちんと説得して世の中を変化させねばならないのに露出度の高い服を着る参加者たちのせいで性的マイノリティ全体が罵られると非難する。健全な祭を作らねばならないと主張するが、彼らはあることを見逃している。同性愛者がいくら整った服装をしたとしても健全な存在として称えられることは決してない。健全という基準がすでに異性間の愛、結婚、性生活で編まれているがゆえに、同性愛者であるままでは健全な存在になりえない。それを知りつつも同性愛を嫌悪する者たちが同性愛者たちに「健全」を勧める理由は、異性愛者と似せていくために自発的に努力させることができるからだ。

二〇一〇年代を経る中で、レズビアンコミュニティでもカバーリングの内面化現象が観察された。レズビアンに対する一般的先入観に合わせた、つまり短い髪をしたレズビアンに対するタブーが生じた。ボーイッシュなレズビアンを「ティブ（ブッチっぽいの略称）」と呼び、合コンの場で「ティブお断り」のような言葉が慣用句のように用いられもした。ティブと一緒にいればアウティングされる危険があるだとか、ティブは野暮ったいというふうな卑下も生じた。ゲイコミュニティでも似た意味で「イルチック」という隠語が用いられた。「一般（イル）の人みたい」という意味であり、女性らしくない普通の異性愛者男性のように見えるスタイルを好む傾向を現わす表現だった。「ティブ」や「イルチック」のような言葉は、レズビアンは男みたいでゲイは女らしいという社会の偏見を同性愛者コミュニティが受容した結果だ。偏見を壊して抵抗する代わりに偏見をそのままにして、その適用だけを避けようとするこれらの戦略は、決して同性愛者に自由をもたらさない。偏見はだんだん増えるであろうし、増えるにつれ寄って立つ場は減るであろうからだ。

ケンジ・ヨシノは「カバーリング要求の克服に取り掛かってこそ、ようやく自分が同性愛者であることが、自分の状態から生へと変わった」と述べた。同性愛者という「状態」から「生」へと変わったという表現に注目してみよう。つまりカバーリングから自由になることは、私が私の生をそのまま享受することを意味する。

## 6 おわりに

本章の冒頭に述べたことをもう一度思い浮かべよう。よくよく考えてみておかしな点を発見した。もしかしてその夫婦は私を「女たちの一人」として認識していなかったのではないかという疑いだ。そうでなければ夫が自分の妻に他の女性とセックスをしてくると平然と述べることができるだろうか。また妻がその言葉に一緒にケラケラ笑うことができるだろうか。

レズビアンは女の形体をしているが「本当の」女ではないと考えたがゆえに、「同じ」人間としても感じられなかったのかもしれない。「異性愛者になれただろうに」と残念がるのは、本当の女性に、真の人間になってくれることを望む気持ちがあったのかもしれない。だから私が望むわけが全くないにもかかわらず、一度やってみるかなと、暴力を好意だと錯覚したのではないだろうか。あたかも男らしくだとか女らしくだとか、あるいは一人前の人間にしてやるのだと、家庭と学校と軍隊で体罰と殴打が簡単に容認されるように。

いつだったろうか。七~八年前、ある中年夫婦が予告なしに事務室を訪ねてきたことがあった。たくましい二〇代の息子を持つ夫婦は、子どものカミングアウトを聞いて悩み、何かアドバイスが欲しくて来たと述べた。最初の質問は、後で離婚してもいいからいったん結婚をしろと息子を説得しているのだが、なぜ言うことを聞いてくれないのかわからないというものだった。私は息子さんが拒絶するのは当然であって、何も知らずに結婚することになる女性を騙すことになると説明した。お父さんも別の男性と暮らした後で異性愛者であることがわかって結婚されたわけじゃないでしょうと聞き返し、結婚するからといって同性愛者が異性愛者に変わることはないと説得した。なんとか納得してくれた両親の二つ目の質問は、成功した同性愛者に会わせてくれないかというものだった。社会的地位も高く経済的にも稼いでいる、ロールモデルにできる同性愛者を息子に紹介してやりたいと述べた。

私は気になった。なぜ「幸せな同性愛者」に会いたくないのか、息子の生と未来をそこまで心配するのになぜ「幸せになれ」と言ってやらないのか、同性愛者が成就しうる最高の価値がなぜ「幸せ」でありえないのか、同性愛者が異性愛者と異なることのない人間になるためには、なぜ異性愛者より金持ちだったり異性愛者に無視されない力をつけねばならないのか、問い返したかった。一体同性愛者はいつになれば異性愛者と同等な人間になることができるのか、ということだ。

異性愛者にカミングアウトをし、異性愛者の期待に応じようと努力し、異性愛者中心の秩序を守りつつ、その中で同性愛者の席を作ろうとするあらゆる要請を拒絶せねばならない。同じになることを選択する代わりに、無理なく交じり調和することを選択する代わりに、他人たちと「異なる」自分として生きねばならない。異なる「そぶり」をわざと出すのではなく、異なる「そぶり」は自然に出てくるのである。私たちは順応せよと、テキトーに流しておけと、目立つなという言葉にうなづいてはならない。一点の恥もなく堂々無欠であれば認められる被害者、傷つけられてうずくまる可憐な弱者、主流の側の配慮と寛容を待つマイノリティとしての位置を拒否せねばならない。重要なのはたった一つだ。私として生存すること自体がまさしく世界との闘いであるということ、だから私たちが「しぶとく」自分自身として幸せになることを放棄してはならない。

（1）Geoffrey W. Bateman, and Claude J. Summers, "'Coming out', glbtq: An Encyclopedia of Gay, Lesbian, Bisexual, Transgender, and Queer Culture", 2012, http://www.glbtqarchive.com/ssh/coming_out_ssh_S.pdf 翻訳をしてくれたアジン（A_JIN）さんへの感謝をここに記す。

（2）韓国においてゲイバーはただ男性同性愛者たちが出入りする酒場などの店を意味する。しかし当時の米国においてゲイバーは同性愛者、両性愛者、トランスジェンダーなどが皆ともに出入りする空間であった。

（3）『ＢＵＤＤＹ』第三号に掲載されたイ・ヒイルの企画連載「ゲイバーの歴史」を参照されたい。この連載は映画館、サウナ、チムチルバン、公園、ターミナル、南山などの空間を中心にし、ゲイバーの歴史を整理している。

（4）両方とも一般的に男と女を意味する単語として用いられた。一九六〇年代には青少年と大学生の間で彼氏や彼女を意味する言葉として使われたが、一九七〇年代に入って使われなくなった。しかし一部ではその意味での隠語として使われ続けた。その代表的事例がレズビアン・コミュニティだ。二〇〇〇年代に出た青少年隠語目録集に「スカートさん」が女性である恋人を意味する言葉として使われているとの調査結果があるのを見ると、青少年コミュニティ内でも使われ続けたようだ。

（5）二〇〇〇年一一月に発刊された『ＢＵＤＤＹ』第一八号「ホン・ソクチョンのカミングアウト裏話」特集記事に詳しく紹介されている。

（6）ケイ「カミングアウトとアウティングの意味と歴史」『月刊オンニネ〔「姉さんの家」の意味〕』五一号、二〇〇四年七月。

（7）この法は二〇一一年九月に公式に廃止された。

（8）この部分は以下で綿密に分析されている。クォンキム・ヒョンヨン「性的差異は代表されうるのか」『性の政治、性の権利』子音と母音、二〇一二。

（9）アーヴィング・ゴッフマン『スティグマ――障害の世界と社会適応』ユンソンギル・チョンギヒョン訳、韓神大学校出版部、二〇〇九年〔アーヴィング・ゴッフマン『スティグマの社会学――烙印を押されたアイデンティティ』石黒毅訳、せりか書房、一九八〇〕。

（10）ケンジ・ヨシノ『カバーリング』キムヒョンギョン・ハンビンナ訳、民音社、二〇一七〔Kenji Yoshino, *Covering: The Hidden Assault on Our Civil Rights*, Random House, 2006〕。

（11）転換、パッシング、カバーリングはすべてゴッフマンの本にある概念だ。二〇〇九年に韓国で翻訳されたゴッフマン『スティグマ』ではパッシングには「偽装」、カバーリングには「隠蔽」の訳語があてがわれている。二〇〇四年に翻訳されたクラウディア・カード『レズビアンの選択』（カン・スヨン訳、インガンサラン、二〇〇四〔Claudia Card, *Lesbian Choices*, Columbia University Press, 1995〕）ではパッシングは「なりすまし」と訳されている。二〇〇八年に韓国のジェンダー研究者たちが集まって出版した『ジェンダーチャンネルを回せ』（クィア理論文化研究会ＷＩＧ編、インガンセンガク）ではパッシングを「通過」と解釈した。このようにしっくりくる訳語で統一することができていないため、昨今ではパッシングを別の単語に訳さず原語そのままに使用する傾向にある。

（12）カバーリングの概念はアービング・ゴッフマンの『スティグマ』を併読すれば理解に役立つ。ゴッフマンの本はカバーリングを「烙印者の目標は緊張を緩和させること、つまり自分と他人が烙印をこれ以上隠密なものとして対せず、相互作用においてぶつかる公然とした内容に自然に関与するようにすることだ」と説明する。木で作られた義足を使用していた人が他の人と同行する時に松葉づえを使ったり、失明した人が黒い眼鏡をかけることなどだ。つまり障害という烙印を露わにすると同時に障害が目立って見える部分は隠す過程をカバーリングと言う。

(13) ケンジ・ヨシノ、前掲書、一二〇頁。

(14) 正確な放送日時は確認できないが二〇〇二年末と二〇〇三年初の間であろう。ハリスの発言は二〇〇三年三月一九日に発行された『BUDDY』第二二号に掲載されている。この引用は、当時筆者がインターネット放送を見ながらそのまま記録したものを使用した。

(15) これに関してはルインの「被害者誘発論とゲイ／トランスパニック防御」（本書第4章）でより詳しく扱っている。

(16) 『朝鮮日報』二〇一八年一月八日付に「制服を着て登場した性的マイノリティ――EBS適切性論乱」という記事が掲載された。記事だけでなく同性愛嫌悪派の人々は制服を着ることを非難する書き込みをネットで組織的に行い、EBS前で抗議集会も開いた。

第4章

# 被害者誘発論とゲイ／トランスパニック防御[(1)]

## ルイン

トランス／ジェンダー／クィア研究所で勉強している。トランスジェンダークィアの認識論を模索し、その認識論で歴史と文化を書き直し、フェミニズムの新しい可能性を探索している。また大学院でクィア理論を教えており、クィア認識論、クィア方法論を教育する方法を考えている。『ジェンダーチャンネルを回せ』、『クィアドロジー』などの共著があり、『トランスジェンダーの歴史 ── 米国トランスジェンダー運動の理論、歴史、政治』(スーザン・ストライカー著)を共訳した。その他にもジェンダーが暴力的に作動する様相とジェンダーを通した変化の可能性を同時に模索する論考を多数書いた。

# 1　嫌悪の可視化とその政治学

> 慶尚北道の慶山警察署は二八日、自身の交際相手がトランスジェンダーであるという事実を後から知って激高して殺害した嫌疑（殺人）でパク氏（二四歳）に対する逮捕状を請求した。
> 警察によれば、パク氏は二三日午後、大邱市南区のある旅館で交際中のキム氏（二四歳）と口論になり、キム氏が男であるという事実を知るや否や、何度も暴行した後に慶山市某所の川の堤防の下に投げ、隠そうとした嫌疑を受けている。
> パク氏は四年ほど前、アルバイト先で見た目が女性のようなキム氏と知り合い、その後時々会っていたが、性別を知りうる接触は持たず、相手が女装の男性であることを認識できなかったと警察に陳述した。（「カノジョが男？　トランスジェンダー殺害二〇代に令状」『東亜日報』二〇一〇年五月二八日付）

二〇一〇年五月末、加害者のパク氏が四年前に出会った見た目が女性のようなキム氏が、実はトランス女性（あるいは女装男性）だったことを後になって知り、殺害したことが記事になった。記事だけを見て推察できる事実、記事が作り出そうとしている事件の性格は、被害者がトランスジェンダーあるいはＭｔＦ （male-to-female）／トランス女性である点を加害者パク氏に言わずに（あるいは嘘をついていて）、後からこの事実を知ったパク氏が被害者のキム氏を殺害したという点である。記事を通じて構成されるこの事件の核心は、キム氏がトランスジェンダーでなかったなら、あるいはキム氏がパク氏を少なくともだましてさえいなかったなら、殺人事件は起こらなかったであろうというところにある。だから事件の原因は被害者であるキム氏に帰される。

事件が報道された当時、幾人かのトランスジェンダー活動家は、この事件をトランス嫌悪事件であると解釈した。他に理由がなく、単にトランスジェンダーという理由だけで被害者が殺害されたのであれば、この事件は加害者のトランス嫌悪がその原因だと言えるからである。

もし記事が伝えるように、この事件において被害者が加害者に自身がトランスであることを明かしておらず（明かすべきという義務や明かさねばならない理由はない）、加害者は被害者が単にトランスであるという理由で、トランスを嫌悪する気持ちで被害者を殺害したとしよう。とすると、この事件は嫌悪が発生する構造、嫌悪に基づいた暴力の構造について、何を語ってくれるだろうか？　よく言われるように、嫌悪および嫌悪に動機づけられた暴力は、特定の誰かあるいは特定のカテゴリーに該当する集団を強烈に嫌う心情のゆえに発生するものであると理解すれば十分なのだろうか？　したがって、キム氏の死はキム氏がトランスジェンダーでありパク氏がトランス嫌悪者であるという点を確認することで、すでに説明され切っているのだろうか？　もし、加害者がトランスを嫌悪して発生した事件であるという説明で事足りると理解するならば、この社会は嫌悪をどのように認識し、同時に嫌悪はこの社会でどのように流通しているのだろうか？　特定の集団や個人に向けた嫌悪は正確には何を意味しており、嫌悪と暴力、特定のカテゴリーの間の関係はどのように構成されているのだろうか？　これら一連の問いは、嫌悪と嫌悪暴力、そして被害者の関係がいかに構成されているのかを問うように促す。もし先に引用した記事が仮定するように、嫌悪という感情が被害者のカテゴリーや被害者の特定の属性のせいで発生するものであるならば、加害者の暴力も被害者によって発生するのだろうか？　また、被害者が消えれば嫌悪も消えるのか、被害者が自身のカテゴリーや特定の属性が目立たないように気をつければ、嫌悪は発生しないのだろうか？　これら一連の問いは、フェミニズムの政治においては古いアジェンダである「被害者誘発論」と密接に関連している。

「被害者誘発論」は、女性嫌悪や性暴力をめぐるアジェンダにおいて特に多く論じられる。たとえば、「女子学生の学校の成績がよいので男子学生の損害が大きい」「女性は義務は果たさないのに権利だけを過度に主張するので男性が逆差別を受けている」「女性がミニスカートをはいて夜遅い時間に外出するから性暴力事件が起こる」のようなものである。これは加害者自身の犯罪の事実、あるいは特定集団の無能力などというものを、それ自身の問題として認識するのではなく、別の誰かに原因を帰してその他人のせいで「私」が不当な扱いを受けているという認識である。問題は、こうした被害者誘発論が一部の個人の特異な認識ではないところにある。昨今の恋愛関係においてとても重要なアジェンダは、安全に別れることである。[2]特に異性愛関係で女性が男性に別れを切り出した際に、何の問題もなく別れられるのかが非常に重要な問題として浮上している。この問題で毎日のように脅迫、拉致、監禁、殴打、暴行、性暴力などの深刻な犯罪が起こっており、塩酸テロ（相手（の顔）に塩酸をかけること）もまた頻繁に起こっている。このような事件の加害者の多くが、別れ話をされてイライラしたとか怒りを感じたとかショックを受けたことが理由であると述べる。しかしながら、別れ話がこのように深刻な犯罪行為を誘発する理由になりうるだろうか？　現在の韓国のメディアと韓国社会は、加害者が陳述する通りに別れ話を犯罪行為の正当な事由として受け入れている。これは別れを切り出す側が事件の原因を提供したという認識を反映している。とりわけ検察や司法機関は、こうした事件の加害者たちを殺人未遂ではなく傷害罪だけで処理するか、加害者の事情をあれやこれやと「情状酌量」してやる。たとえば加害者が家計の主な稼ぎ手であるから、または医大やロースクールに通う「将来有望な若者」だからと、執行猶予を宣告するのである。

ミニスカートのような服装が性暴力の原因であるといった社会的態度と、別れ話が暴行および殺人の理由として延々と言及され続ける雰囲気は、被害者が一〇〇％原因を提供したか、一〇〇％ではなくても、ある程度の原因を提供した責任があるという、典型的な被害者誘発論の認識をベースにしている。フェミニズムの長きにわたる反性暴力運動は、被害者誘発論は加害者を擁護することによって社会の統治体制（家父長制）を保護するやり口であると指摘し続けてきた。だとすると、ある人がトランスジェンダーであるという点は、その人を嫌悪し殺害する妥当な理由となるのだろうか？　トランスジェンダーであると先に明かさないことや、別れ話をすることは、相手に深刻なトラウマとショックを抱かせてしまうので、殴打や監禁あるいは殺害を誘発するくらいに「間違ったこと」なのだろうか？　それゆえ真の加害者は別れ話をした人やトランスジェンダーだと明かさなかった人であって、事件の加害者は憐憫の対象かつ実質的「被害者」なのだろうか？

本章はまさにこの地点、嫌悪を被害者誘発論として構成する問題に焦点を当てて論じようと思う。そして多くの被害者誘発論の中でもＬＧＢＴ／クィアが経験する被害者誘発論、特にゲイ／トランスパニック防御を主な対象とするつもりである。後に詳しく説明するが、「ゲイパニック防御」は、ゲイ男性を殺害した加害者が、ゲイ男性が自分に性的にアプローチしてきたことにショックを受けて自分を守るために殺害したという法的防御の論法である。似たように「トランスパニック防御」は、ＭｔＦ／トランス女性を殺害した加害者が、相手がトランスであることを後から知ってショックを受けて殺害したという法的防御の論法である。すなわち、裁判過程で殺人の原因を相手に帰して減刑を受けるための主張である。ゲイ男性が自分に言い寄ってこなかったら、相手がトランスではなかったら、殺人事件は起こらなかっただろうと主張するのである。韓国でパニック防御に関連した議論はとても少ない方で[3]、陪審員制度を運用する米国で主に関連議論が行われている。しかし冒頭に引用した記事からわかるように、パニック防御は実際に韓国で登場したことのある法的防御の論法である。さらにこの論法と被害者誘発論に基づいて（性）暴力を正当化する言説は、韓国でも非常に頻繁に使われている。すなわちこれは事件をパニック防御と名づけるか否かの問題にすぎず、パニック防御は今ここ、韓国で積極的に論じる必要のあるアジェンダなのである。

本章は、嫌悪の一形態としてのパニック防御を論じていくが、その際に二〇一〇年五月の大邱で起こったトランスジェンダー殺人事件を主な分析テクストとする。この事件を通じて嫌悪とジェンダー規範の関係を問うていく。この作業を進めるに先立って、パニック防御の基本概念と関連論争を概括して検討する。これは嫌悪がいかに作用するかを理解するにあたって重要な端緒となるであろう。続いて大邱で起こった事件を分析することで、嫌悪は加害者個人に本質的に内在するものではないことを説明する。これを通じて、嫌悪は、加害者が社会の規範を利用しつつ新たに再構成するために利用する手段であることを明らかにしていく。

## 2 ゲイ／トランスパニック防御とは何か

パニック防御をめぐる議論は大きく二つに分けられる。一つはゲイ男性が被害者であるときに加害者が採る戦略としてのゲイパニック防御で、もう一つはトランスジェンダー、特にMtF／トランス女性が被害者であるときに加害者が採る戦略としてのトランスパニック防御である。この二つの防御戦略は、論理構造の面で一定部分重なるが、ゲイとMtF／トランス女性のアイデンティティが異なるように、パニック防御の論理の展開のされ方も異なっている。したがって、この二つはそれぞれ分けて検討する必要がある。

# ゲイパニック防御

ゲイパニック防御（gay panic defense）、あるいは論者によっては同性愛者誘惑防御（homosexual advance defense）とも呼ばれるこの用語は、一九二〇年代に初めて登場したとされる。精神科医のエドワード・ケンプ（Edward Kempf）は「同性愛者パニック（homosexual panic）」という表現を使ったのだが、これはケンプ自身がクライエントの相談を受ける中で発見した症状を説明するために作った用語だった。[4] 同性愛者パニックによって苦しんでいる男性クライエントは、同性と見なす男性との関係に惹かれるが、同性への性愛感情は当人が属する社会では否定的に認識されており、異性への性愛感情のみが肯定されるので、同性間での性愛的状況に身を置いたときにかなりの不安を覚える。[5] この不安自体は同性愛者パニックではない。同性愛者パニック症状は、同性間の性愛的状況であったり、同性に性的あるいは恋愛感情を含んだ誘惑を受けたりしたときではなく、魅力を感じる同性と引き離されたときに発生する。すなわち、自分の「統制できない倒錯的性的渇望」[6] を抑え込まねばならないと同時に、愛情を感じる人と引き離されるときに生じる不安やパニック状態のような症状が、同性愛者パニックである。この症状は一九五一年に発刊された『精神障害の診断と統計マニュアル』（Diagnostic and Statistical Manual of Mental Disorders：ＤＳＭ）第一版をはじめ、いくつかの精神疾患事典および目録に記載されてもいた（ＤＭＳでは記載後何年も経たずして削除された)。

医学用語である同性愛者パニックは、メディアなどでしばしば使われたが、一九六〇年代に入って男性を殺害した容疑で起訴された男性被疑者の弁護士が被疑者の無罪を主張しつつ、その根拠として同性愛者パニック防御戦略を使用したことで、現在のような意味に変化した。(7) ケンプによれば、医学上の精神疾患である同性愛者パニック症状がある場合、受動的で他人を攻撃しないばかりでなく、いかなるかたちであれ攻撃性が現れるとすればそれは他人に向けた攻撃ではなく自傷の形態で発現するという。(8) 反面、一九六〇年代以後、法廷で戦略的に使用された論法としてのゲイパニック防御は、加害者の殺人行為を正当化する根拠として意味が与え直された。男性被害者を殺害した嫌疑で起訴された男性被疑者は、相手の非暴力的な性的誘惑によってパニック状態に陥り、これにより偶発的にあるいは自己防御として被害者を殺害したという論理を展開した。この論法は、殺人事件が発生した理由を、加害者が望まない同性間の性愛的誘惑を被害者が行ったためであると主張する点で、被害者誘発論の構造と同一である。

先に言及したように、ゲイパニック防御は同性愛パニック防御など多様な用語で呼ばれているが、これに関する膨大な事例を検討したシンシア・リーは、ゲイパニック防御という用語を採用している。これはゲイパニック防御の重要な特徴の一つを浮き彫りにしてくれる。まず、ゲイパニック防御戦略が使用されるほとんどの事件で、被害者は(ゲイの)「男性」であり、加害者も(異性愛者の)「男性」である。すなわち、男性被害者と男性加害者の間で事件が起こったときに、パニック防御戦略が登場する。もちろん、レズビアンパニック防御戦略が法廷に登場しなかったわけではない。たとえばある男性が、二人の女性がキスするのを見てショックを受けて殺害したと主張した事件があった。しかしリーは、陪審団はレズビアンパニック防御を受け入れなかったと指摘する。(9) これはパニック防御が異性愛者の「男性」になること、そして支配規範的男性性の構成と密接に連関していることを意味する。

二〇一六年に米国の連邦最高裁判所が同性婚の合憲判決を出してからは同性愛に好意的な雰囲気が作り出されているとは言え、今なお男性になるということは異性愛者男性になることを意味する。すなわち、異性愛者になることを奨励するのと同じだけ同性愛者になることを鼓舞することはない。異性愛者の男性になることは、男性性、男性らしさを立証する重要な根拠として作用するが、このことは米国の小中高校で男らしくない男の仲間に頻繁に発せられる悪口がホモ、ファグなどということから確認できる。(10) ホモやファグは同性愛者、あるいはゲイ男性を軽蔑し非難するために使われる名称であるが、このように使われる際には性的指向を意味するためではなく、男らしくないジェンダー実践を非難しようとする意図で使われる。法廷でゲイパニック防御の抗弁を行う加害者たちもまた、まさに支配規範的男性性を重視し押しつける情緒を共有しており、であるからこそホモフォビアを動員して自分を防御する。彼らの主張によれば、ゲイ男性が自分に言い寄ってきたことは、自分の男性性を脅かす行為であり、そのうえ、自分がゲイだと誤解される可能性を生じさせる行為である。だからこそ、加害者のうち一人は被害者を殺害後に「私はゲイとセックスできない」と叫んだという。(11) パニック防御戦略は、加害者が自分はゲイではないと主張することで自らの異性愛者男性性を立証するための努力と、この努力を要求する社会の支配規範が共謀した結果である。すなわち、嫌悪に動機づけられた暴力あるいは嫌悪を下敷きにして生じる殺人は、単に個人の逸脱や異常行動なのではなく、社会がいかなるジェンダー規範を要求するのかによって発生する問題、すなわち社会構造的事件である。

男性らしさを押しつける社会的態度と支配的ジェンダー規範をはっきりと認識すべき理由は、こうした態度や規範がパニック防御戦略を受け入れる社会的文脈の一部であるためである。異性愛者の男性性を男性の唯一の男性性の実践として理解し、それを非常に重要な価値として受け入れる社会的態度がなければ、パニック防御戦略は裁判で受容されにくいだけでなく、そもそも戦略として採られることすら難しくなる。すなわちそれは、同性愛者あるいはゲイに関連した恐怖、不快感、そして嫌悪の社会的態度と社会的感情が存在したうえで、同性愛男性が異性愛男性を誘惑することは「気持ち悪く、不快な事件」なのだという認識が、社会構成員の間で共有されてこそ可能な戦略である。[12] 同性愛関係や同性愛者に対する拒否感は、韓国でも広く浸透した情緒であり、たとえば同性愛者の役を演じた俳優が後に大変だったと吐露し、これをメディアが共感的に報じるといった具合である。[13]

リーによれば、ゲイパニック防御戦略は大まかに四つの抗弁を駆使する。瞬間的におかしくなって自分でもわからないうちに殺してしまったという心神喪失（insanity）、急に判断能力が低下して殺したという心神耗弱（diminished capacity）、相手が性的に挑発したので殺したという挑発（provocation）、相手の性的挑発から自分を防御するために殺したという正当防衛（self-defense）である。[14] これらの抗弁は時が経つにつれて心神喪失から心神耗弱、挑発、正当防衛の順に、打ち立てる論理構造が変化してきており、それぞれの抗弁は陪審団に通じないこともあったし、通じることもあった。近年多用されている挑発戦略と正当防衛戦略はある程度受容される方で、これによって一級殺人の謀殺（murder）から二級殺人の自発的故殺（voluntary manslaughter）に刑が減軽されるケースが多い。

もちろん、望まない性的アプローチに殺人で対応するやり方について、「合理的男性」であるなら当然の行動であるから自己防御に該当するという判決に対しては、複数の人が批判の論陣を張っている。たとえば、望まない性的アプローチや誘いかけに対して正当防衛の一環として殺人を行うことが合理的行動であるなら、道端には女性に殺害された異性愛者男性の死体が山積みになっているであろう。[15] 女性が望むか望まないかを尋ねもしないまま、単に男性が魅力を感じたという理由で相手の女性に性的あるいは恋愛的な誘惑をするケースは非常にありふれているが、このような状況に女性は殺人で応じないという点を突いた批判である。すなわち、ゲイパニック防御は（この側面は後に説明するトランスパニック防御と類似しているが）、徹底して異性愛主義に基づいて異性愛者の男性性のみを守る価値のあるものとすることを前提している。男性の性的積極性は異性愛関係であれば積極的に勧奨される反面、女性の性的積極性は考慮されない。

ゲイパニック防御を受容する判決は「もし誰かが同性愛関係を持ちかけるなら、その誘惑はその人を殺すに十分な挑発」であり、ゲイ男性は異性愛男性よりも尊重される価値が低く、同性愛行動に対する反感と敵意は自然な反応であるというメッセージを伝達する。[16] 同時に、裁判の中でパニック防御が受け入れられることは、非異性愛の実践を否定的にまなざす社会的態度を適法なものと認定することになり、殺人自体は間違いであったとしても同性間の性愛関係を持ちかけることは殺人を引き起こすほどに間違った行動であるという観念を法的に承認し再生産する。

ゲイパニック防御のこうした特性は、ジェンダーとセクシュアリティを扱う際の、当該社会の態度と認識、そして嫌悪に基づく暴力の関係をはっきりと示している。単純に「人権意識を改善すべきだ」「人権は重要だ」と言うだけでは、社会全般にわたって発生する嫌悪の暴力が減ったり消えたりすることはない。もちろん、過去に比べて法や制度は一部改善されたと言えるかもしれない。しかし法や制度が昔に比べて改善されたとは言え、構造的暴力を問い、粘り強く問題にし続けなければ、社会のあちこちに内在している偏見や嫌悪は暗々裏に発現し、日常に強力な影響を及ぼす。たとえば一九九〇年代の韓国で、韓国女性ホットライン連合と韓国性暴力相談所をはじめとした複数の女性団体が、性暴力を犯罪とし性暴力加害者を処罰する法を制定する必要性を提起した。女性団体を中心に法制定のための公聴会などが開かれ、政治に携わる人々とともに複雑な議論を経て「性暴力犯罪の処罰および被害者保護等に関する法律」(一九九四年)が制定された。この法は世界的にもよくできた法であると評価されている。[17] しかし二〇一七年一一月、韓国女性ホットライン連合が行った運動の名称である「#警察だとは_加害者かと思った」が文字通り語っているように、警察もまた法をきちんと執行していない。法執行の代わりに警察は被害者を非難するか、往々にして「加害者を許してやれ」「加害者の人生を壊すつもりか」などと言っている。判事もまた、先に言及したように、性暴力加害者や別れ話の暴力加害者の立場から事件を理解し、加害者びいきの判決を下している。法と制度をきちんと作ることと、それがきちんと執行されていることと、偏見や暴力被害者が司法処理の過程で適切な処遇を受けることは、すべて別個の問題である。法や制度が制定されると、社会構成員や外部の人に、この社会は悪くはない場所だと信じさせてしまうことにもなるし、この信念はこの社会に蔓延する偏見と差別を隠ぺいして被害者が経験した暴力を語ることができないようにしてしまうことにもなる。

ゲイパニック防御もまた、昔に比べて人権意識が高まったというような言説と実際の社会的偏見は大きくなっているという現実との間にある隙間を、生々しく証明している。同性愛者に向けられた嫌悪の暴力が過去に比べて減ったと信じ、自分は同性愛に偏見がないと主張する人も、被害者誘発論に同意して被害者非難に加担していると言える。同性間での性愛的状況が恐怖やパニックを引き起こしうるという主張には同意しているからである。日常で同性愛者を差別してはならないと言う多くの人が、「私」の周りには同性愛者はいないと言い切ったり、「私に」告白してこないのであれば大丈夫だと語ったりする。すなわち、「告白」は大丈夫なことではなく、告白するならば差別が発生するかもしれないという意味である。パニック防御という論点から嫌悪／暴力を検討する作業において確認できるのは、暴力、殺人、嫌悪は支配規範に内在する形式であること、支配規範を保障したり維持したりする形式であるという点だ。嫌悪に基づく暴力は突発的事件ではなく、規範が作動する様相の一部である。

## トランスパニック防御

トランスパニック防御（trans panic defense）は、ゲイパニック防御のトランス版だとも言われるので、別途説明は必要ないとも考えられる。実際、ゲイパニック防御とトランスパニック防御は両方とも、被害者が加害者の異性愛－男性アイデンティティを脅かしたので殺害されたという論法を取るという点、先に述べたように、異性愛規範を議論の下敷きにしているという点で、かなり類似する。しかしトランスパニックを正当化する防御の論理はゲイパニックを正当化する防御の論理とはかなり異なっており、トランスパニック防御において重要なものとして扱うべき争点もまた存在する。

トランスパニック防御は、加害者男性が恋愛や性関係の対象として「女性」とつき合っていたのだが、「後になって知ると」その女性が生まれたときには男性に指定され、ペニスの形態をした外性器のある人であるという事実にショックを受けてパニック状態に陥り、自分を防御するために殺害したという主張である。トランスパニック防御の被害者は、多くのケースでＭｔＦ／トランス女性であるが、ＦｔＭ／トランス男性を殺害してトランスパニック防御を主張するケースもある。キンバリー・ピアース（Kimberly Peirce）

監督の映画『ボーイズ・ドント・クライ』(一九九九年)でも有名なブランドン・ティーナ/ティーナ・ブランドン(Brandon Teena/Teena Brandon)殺害事件が代表的である。一九九三年、米ネブラスカ州で二人の男性がその地域にやってきたブランドン・ティーナあるいはティーナ・ブランドンとして知られていた人物と、男同士の友情を交わし親しくなった。しかしブランドンが生まれたときには女性に指定された人であることを知ってしまい、その二人はブランドンを性暴行したあとで殺害した。一級殺人の謀殺罪で起訴された二人の加害者は、法廷で、ブランドンのジェンダーと外性器の形態が一致しないトランスジェンダーである点に欺かれ、それによってショックを受けて殺害したとして自分たちの行動を正当化した。[18] この戦略が成功したのか失敗したのかにかかわらず、FtM/トランス男性を殺害した加害者たちが、この事件においてそうだったようにトランスパニック防御戦略を動員することもある。しかしながらトランスパニック防御を扱う多くの論文がMtF/トランス女性を殺害した事件に集中する傾向がある。

先に言及したように、トランスパニック防御戦略が登場した背景はゲイパニック防御戦略が登場した背景と違っているが、これはゲイとトランスジェンダーというアイデンティティが引き起こす違いとも関連がある。ゲイパニック防御戦略は男性として認知された人が加害者に性的に言い寄ってき(たと加害者が主張し)て、これに加害者がショックを受けて殺害したという論理構造を取る。すなわち二人が出会い、殺人事件が発生するまでにそれほど長い時間はかからない。反面、トランスパニック防御戦略が登場する事件は、加害者と被害者が出会ってから事件が起こるまでにある程度の時間が必要である。加害者と被害者は数日間恋愛することもありうるし、親密な関係を形成することもある。ときには性的関係を結んだりもする。殺人事件は二人が性的関係を結ぶ過程で被害者の外性器の形態を加害者が認知するだけでなく、この事実を別の人が知ってしまうかもしれないという恐怖、自分が「ゲイセックス」をしたと知られてしまうかもしれないという恐怖が生じるときに発生する。

ゲイパニック防御とトランスパニック防御は、加害者が、自分が他人からゲイだと見られたり、異性愛男性性を疑われたりしないかと怖くなって殺したと主張するという点では似ている。しかしゲイパニック防御事件は、被害者が男性に見える人であるという点だけで殺害されるのに対して、トランスパニック防御事件は被害者が女性に見えるけれども「女性身体」という社会的想像力あるいは支配規範に合わないという理由で殺されるのである。すなわち、トランスパニック防御は、セックスとジェンダーを強制的に等値させる文化的規範、言い換えれば、男性型（女性型）の外性器の形態を持っているか、出生時に男性（女性）と指定された人は、一生涯を男性（女性）として生きていき、見た目にも女性（男性）として通じる人は外性器の形態もまた女性型（男性型）であるだろうという強力な信念体系によって生み出される。そしてゲイパニック防御とは違うトランスパニック防御の重要な争点は、まさにこの信念体系から生じるのである。

セックスとジェンダーの「不一致」あるいは異性愛ー二元ジェンダー規範の「違反」を根拠にして構成されるトランスパニック防御戦略において、加害者は被害者が自分を欺き、騙したと主張する。[19] 被害者はトランスジェンダーなのにその事実を加害者に事前に明らかにしなかったので事件が起こったのだから、被害者の過ちであると被害者を非難する主張である。この主張はパニック防御とは別に、トランス嫌悪の歴史においても非常に古くから使われてきた論理でもある。トランス嫌悪者に理論的根拠を提供しただけでなく、トランス嫌悪の論理を集大成したジャニス・レイモンドは、一九七九年に出版された単行本で、偽の女性と言うべきMtF／トランス女性は性転換手術によって本物の女性のように行動し、本物の女性の身体を占有（appropriate）し、人工物にすることで女性の体をレイプすると主張した。さらに「レイプは、たいがい強圧によってなされるが、欺瞞によってもなされることがある」とし、MtF／トランス女性が非トランス女性に対して犯した欺瞞はそれ自体としてレイプであるという論理を展開した。[20] 欺瞞という表現は、トランスを嫌悪し、否認し、否定し、非難するさいにとても重要だ。トランスを嫌悪する側面で欺瞞という用語を選択することは、古くからあるトランス嫌悪感情を喚起し、トランスを加害者に、暴力的存在にする作業である。そしてトランスパニック防御戦略は、他人のセックス（あるいは外性器の形）とジェンダー（あるいは見た目で認知される二元ジェンダーカテゴリー）は外見を通じて即時にそしていかなる失敗もなく把握できるとの前提のもとで、この二つはいつでも等値できるという異性愛―二元ジェンダー規範に違反することこそが欺瞞であると主張する。

この主張によれば、ジェンダー表現は実際のセックスが何なのかを映し出すスクリーンとして作動し、[21]「観客／加害者」はスクリーンで見たものによって完璧な真実（外性器の形、遺伝子の構成、ホルモンの比率、

「本物の」ジェンダーなど）がわかったと言える根拠となる。特に外性器の形態はセックスージェンダーの真実を表わす証拠かつ根幹であり、ジェンダー表現と実践は外性器の形態と合っていなければならない。外性器の形態とジェンダー表現の仕方が合わない実践は、異性愛ー二元ジェンダー規範に違反する行為であるのみならず、約束を破棄する行為、他人を騙す行為となる。だからこそMtF／トランス女性を殺害した多くの加害者が、実際に「私こそ騙されて詐欺に遭った本当の被害者」だと主張できるのである。トランスパニック防御戦略は、荒唐無稽な話のように聞こえるかもしれないが、実際のところ徹底して規範的で「合理的な」主張である。この戦略の下敷きになっているトランス嫌悪の論理によれば、加害者の行動と主張は個人的逸脱ではなく規範に合わせた行動範囲を出るものではない。加害者は規範に違反した存在、社会的約束をやぶった存在を「処罰」したのであろうからである。したがって特定の社会で、どのような経験と体の形態を「合理的」であるとか「規範的」であると認識するのかを根本的に問わなければ、トランスパニック防御やゲイパニック防御は続くほかないし、たとえ殺人という行為自体は間違いだとしても、その正当性は法的に承認されてしまうのである。

## 3 嫌悪を通じて異性愛─二元ジェンダーを構成する──大邱トランスパニック防御事件

本章の冒頭で引用した事件、すなわち二〇一〇年五月末に大邱で起こった事件をめぐって、マスコミの報道はたいがい次のようなものであった。「恋人がトランスジェンダーだとは……　憤激殺害」(『韓国日報』二〇一〇年五月二八日付)、「『僕の彼女がトランスジェンダー?』恋人の首を絞めて殺害」(『ノーカットニュース』二〇一〇年五月二八日付)、「恋愛相手がトランスジェンダーであることに憤激殺害」(『ニューシス』二〇一〇年五月二八日付)。ここで再び事件を簡単に要約しておこう。加害者は四年ほど交際していた恋人がMtF/トランス女性であることを偶然に知って、これに激しい怒りを感じてその女性を殺害した。この事件の加害者が打ち立てた論理は、先に論じたような典型的なトランスパニック防御に該当する。被害者がMtF/トランス女性でなかったなら殺人事件は起こらなかったかもしれない、ということだ。トランスジェンダーは、その存在自体が殺人を引き起こした原因として構成された。ここで注目すべきは、マスコミがこの事件を報道する際に、加害者の主張と立場をそっくりそのまま垂れ流したことである。

大邱で起こった事件をもう少し具体的に検討するために、別の有名なトランスパニック防御事件の被害者であるグウェン・アラウゾのケースを見てみよう。アラウゾは生まれたときに男性に指定されてエドワードという名で呼ばれていたが、十代半ばにホルモン投与を始めてからグウェンに名前を変えた。二〇〇二年夏、一七歳になった年に、アラウゾはマイケル・マディソンとホセ・モレルと出会い、彼らと親密な関係を結んだ。アラウゾは彼らのそれぞれと性関係を持ったのだが、そのたびごとに自分が生理中であると言って外性器の形態を隠したという。だんだんと、マディソンとモレルはアラウゾが女性なのか疑い始めた。同年一〇月にアラウゾはモレル兄弟が主催したパーティーに参加するのだが、そこでマディソンとモレルはアラウゾの外性器の形を確認しようとした。しかし直接確認できなかったために、ホセ・モレルの兄であるポールのガールフレンドのニコール・ブラウンが代わりにアラウゾの外性器の形を確認した。ブラウンがアラウゾの外性器がペニスの形であることを確認して声を上げると、マディソンとモレルをはじめパーティーに参加した男性たちが憤怒してアラウゾを暴行し始めた。彼らは殴り、蹴り、フライパンとブリキ缶でアラウゾを殴打し、アラウゾは意識を失った。その後マディソンとモレル一行は四時間もかかる山に被害者を運んでいき、埋めて、ハンバーガー屋に朝食を食べに行った。[22]

法廷でマディソンの弁護士は、マディソンはアラウゾがトランスジェンダーであることを知ってショックを受けてパニック状態になって殺害したので、一級殺人の謀殺（murder）ではなく二級殺人の自発的故殺（voluntary manslaughter）であるとして減刑を主張した。弁護士は続けて、この事件はマディソン一行がトランスに対する何らかの偏見を持っていたから発生したのではなく、アラウゾの行いに原因があるとして、アラウゾが自分のセックス–ジェンダーと関連する真実を明らかにしなかったために発生した事件であるがゆえに、殺人の責任はアラウゾにあると主張した。トランスパニック防御の特徴をそのままなぞるかのように、弁護士はMtF／トランス女性であるアラウゾが、自身がトランスであることを明かさなかったことは他人を欺く行為に該当し、この嘘が明らかになったときに加害者（「合理的」な「一般」男性）の立場からすれば当然怒ってパニックに陥るしかなく、この殺人は合理的自己防御であると主張した。これは、「普通の」男性であれば自分の異性愛–男性性を守るために、そしてゲイではないことを立証するために、さらにはゲイであると疑われないために、人を殺す場合が十分にありうるという主張でもある。[23]

加害者のパニック防御戦略では、相互信頼に対する裏切りも重要な原因として主張される。刑法学者のブラッドフォード・ビグラーは、パニック防御と結婚した異性愛夫婦の間で起こる不倫行為を例に挙げて、これは相手に対する「信頼を裏切る」行為であると主張する。[24] この裏切りは、裏切られた相手に深刻な衝撃を与えるので、殺人も起こりうるというのが彼の主張である。アラウゾの事件を取り上げて論じたビグラーは、被告たちは「アラウゾが遂行したジェンダー化された役割（女性）と彼女の解剖学的セックス（男性）の間の明白な衝突に反応（reaction）」したのであり、アラウゾの欺瞞、アラウゾにペニスがあるという事実が「被告たちをがけっぷちに」追い詰めたと主張した。[25] すなわち、加害者が殺人を起こすに至ったのは被害者の欺瞞、信頼に対する裏切り、嘘の表象（misrepresentation）に対する反応であるということだ。ビグラーのこうした主張は、トランスジェンダーの存在をそもそも不可能にする。この論理はジェンダー表現と体の形態は常に異性愛ー二元ジェンダー規範に合わせたかたちでのみ存在することを要求し、さらにあらゆる人が女性でなければ男性であるというジェンダー二分法を当然視し、これに抵抗する存在であるジェンダークィアの可能性を完全に切り捨てる。加えて、トランスジェンダーが医療的措置を受けるのに必要な時間の長さを認めずに、魔法のように一瞬で変われと要求する。この要求は不可能なだけでなく、ジェンダー表現と体の形態を規範に合わせて一致させなければ公的領域に姿を現してはならないという命令である。したがってこの要求は公的ジェンダー規範を安全に維持するための実践でもある。

ところで、ビグラーの主張は、逆説的にも、トランスパニック防御が安全に別れることをめぐる争点と非常に密接につながっていることを示している。ビグラーが信頼を裏切る行為であるという論理を主張するとき、この論理は恋人である女性の側から別れを告げられることにショックを受けて監禁して、塩酸をかけて、殴打して、性暴行をしたという加害者男性の論理を正当化する。恋愛は結婚のように制度化された関係ではなく、恋愛の始まりが「黒髪がねぎの根のように白くなるまで」〔韓国のことわざで「末永く」の意味〕のように一生涯をともにする根拠にはならないし、恋愛をして「生涯ともにいよう」と甘い言葉を囁いたとしても、これは本当に生涯をともにせねばならない絶対的約束や根拠にはならない。結婚もまた同様である。しかしながら別れを告げることは加害者の立場からは「裏切り」と認識され、加害者を「がけっぷちに」追い詰めるほどの衝撃となりうる。別れ話がきっかけとなった暴力の加害者側の論理が正当だということではなく、ここで言いたいのは、トランスパニック防御における加害者の論理と非常に似ているということである。より正確に言えば、ビグラーの荒唐無稽な論理は、皮肉にも、別れる際の暴力とパニック防御事件が同一の論理構造にあることを語ってくれている。

現在、韓国社会で構造的差別と関連した議論は、しばしばMtF／トランス女性が非トランス女性よりも多くの抑圧を経験しているとか、非トランス女性がMtF／トランス女性よりも多くの抑圧を受けているというように、苦痛のひどさを競い合う傾向がある。また、MtF／トランス女性の抑圧を語ると非トランス女性の抑圧を語ることはできないというように、互いの苦痛を相互排他的に説明したりもする。しかし苦痛と差別、抑圧を競争的かつ相互排他的に理解しては、暴力と嫌悪と抑圧の重層的で交差した構造を見逃すことになる。恋愛関係で別れを告げることが「二人の間の信頼関係への裏切り」であるなら、トランスジェンダーという事実を明かさない行為は、社会的ジェンダー規範あるいはジェンダーをめぐる社会的信念を「裏切る」行為として再構成することもできる。このように再構成するなら、二つの行為を「裏切り」（あるいは欺瞞）として理解させようとする社会構造、社会的信念体系の方を問い直すことができる。さらに、安全な別れにはトランスジェンダー、特にMtF／トランス女性の生存もかかっているという点で、非常に重要な問題である。また、トランスパニック防御を批判する作業は、非トランス女性のジェンダー実践を規制する多様なジェンダー規範を問題にする作業である点で、非常に重要である。すなわち、安全に別れるというアジェンダとトランスパニック防御は、多くの面で重なるアジェンダであると同時に、トランスと無関係そうだったり非トランスと無関係そうだったりする問題が、互いに深く絡み合っていることを語ってくれる。

大邱のトランスパニック防御の話に戻ろう。加害者のパク氏は一審裁判の過程で「被害者が女装した男性だという事実を知り、激高のあまりに被害者を暴行したが、殺害の意図はなかった」と主張した。[26] 二審裁判でも控訴理由を「被害者がトランスジェンダーである事実を後になってから知って、これに憤激して偶発的に事件犯行を犯したもの」であったと主張した。[27] 結局、加害者のパク氏は大法院〔最高裁判所〕まで訴訟を持ち込んだ。[28] 加害者は一貫して、被害者がトランスジェンダーである点を後から知って憤激して(おそらくパニック状態で)殺人の意図はなかったのに偶発的に殺害したのだから、過失致死であると主張した。この論理を盾に自分こそが本当の被害者であるというストーリーを構成し、マスコミは加害者の論理をそのまま引用して報道した。

しかし判決文から確認できる事件の具体的内容は、加害者の主張と多少異なる。一審と二審の判決文を合わせると、事件の顚末は次のようなものだ。加害者と被害者は約四年前にネットカフェで出会ったのだが、当時から加害者は被害者がMｔF／トランス女性あるいは女装した男性だということを知っていた。当時、少しの間交際していたが、一時期連絡が途絶えて、事件発生の数日前に偶然再び連絡がついた。事件当日の朝六時ごろ、再び出会った二人は「口腔、肛門性交をした後」に食堂に行って一緒に食事をした。その後、加害者の車に二人で乗り、ガソリンスタンドでガソリンを入れた加害者が被害者にガソリン代を払うよう要求したが、被害者はこれを拒否して車から降りた。これに「恨み」を抱いた加害者はその日の晩、被害者を訪ねて行き「金があるのかないのか見てみよう」と言って鞄の中を物色し、その過程で被害者を殴打した。強盗の前科がある加害者は被害者の同僚に対して事件が「発覚するのが怖かったあまり……被害者を旅館の外に連れ出して私が被害者をひと気のない場所に連れて行って殺そうと決心した」と語っている。そして後に被害者の死体が発見された場所に移動して、被害者を殺害した。[29]

実際にこの事件で被害者がトランスジェンダーあるいはMtF／トランス女性であるという点は、事件の発生原因ではないのみならず、加害者が逮捕される前までは特に意味のある事実ではなかった。裁判過程で明らかにされた事件発生の「契機」あるいは「原因」は、被害者がトランスジェンダーであることではなくて、ガソリン代を出さなかったという点である。殺人の直接的な「原因」は、自分の犯罪行為が他人に発覚するのではないかという、前科を持つ加害者の恐れの感情だった。すなわち、被害者がトランスジェンダーであるという点は、加害者と被害者が出会う契機にはなったかもしれないが、殺人事件とは全く関係がない。しかし加害者は逮捕直後にトランスパニック防御を主張した。もちろん、加害者はデートをして性関係を持つときにも、トランスジェンダーである被害者を否定的に考えて見下していた可能性もある。しかしながら、捜査過程で加害者が明らかにした陳述と状況によれば、殺人事件が発生する過程でトランス嫌悪は介入していなかった。嫌悪は逮捕直後に登場した感情である。逮捕された後に加害者は、何としてでも減刑を図るために、自分の利益のために嫌悪を持ち出した。

嫌悪の事後構成、事後採択は驚くべきことではない。というのも、ゲイパニック防御およびトランスパニック防御においては頻繁に起こることだからである。アラウゾ殺人事件もまた、すべての加害者は初めからアラウゾがトランスジェンダーであることを知っていたのに、アラウゾと性関係を持ったという事実が発覚するのではないかと恐れてトランスパニック防御を主張したという見解もある。別のトランスパニック防御事件でも、加害者は被害者とともに別の用事で法廷に行ったときに被害者がトランスジェンダーであることを知ったとしつつも、その後に被害者を殺害した後にはパニック防御を主張している。[30] さらに別のケースでは、加害者が先に被害者に口腔性行為を要求して、それから被害者を殺害した後にパニック防御を主張したものがあるが、パニック防御ではこうした事例が多々ある。これに関連して最も有名な事件は一九九八年のマシュー・シェパードのケースである。加害者のうち一人はシェパードが自分を同性間の性愛に誘惑したとしてシェパードを殴打し、牧場の垣根に縛りつけてシェパードが死んでいくのをそのまま放置した。加害者たちはシェパードが自分たちを誘惑したのであり、それによって大きなショックを受けて自己防御として暴力を行使したと主張した。彼らは結局、拘束されたが、数年後に一人の記者が監獄にいる彼らを訪問してインタビューを行ったとき、加害者のうち一人は自分が普段からゲイバーに出入りしていたことを口にし、自分がゲイバーに出入りしている事実が明らかになってしまわないかと恐れてシェパードを殴り殺害したと語った。すなわち、嫌悪という感情は性的マイノリティのような特定のカテゴリーの被害者に出会ってすぐさま発生する自然な感情などではない。嫌悪は加害者が自身の規範性を証明せねばならない防御的状況に置かれたとき、支配規範を引用することでその形を整えて正当性を獲得する。

大邱で起こった事件で加害者のパク氏が本当にトランスジェンダーを嫌悪していたとすれば、加害者は被害者と性関係を持たなかったであろう。もしトランスパニックを本当に起こしていたなら、殺人は事件が発生した二〇一〇年五月二三日夜ではなく、久しぶりに会った二三日の朝か、初めて出会ったという二〇〇六年に発生していたはずである。しかし加害者は被害者とつきあっていた過程、性関係を持つ過程、そして被害者を殴打して殺害する過程で、トランスパニックを起こさなかった。加害者は自分の犯行が発覚することを恐れていたし、だから居住地域から逃走したのであるが、逃走中にあるいは逮捕直後に、何としてでも減刑されたいという欲が出てきたのかもしれない。併せて、被害者と親密な関係だったことが明らかになれば、加害者自身の男性性が疑われたり「ゲイ」と「間違われ」たりするかと思って怖かったのかもしれない。パニック防御は被害者との関係ではなく、殺人事件が起こってから、その事件を、どんな手段を使ってでも「解決」しようとするプロセスで発生するのであり、まさにこのときに嫌悪は加害者の有用な道具として登場する。このプロセスで嫌悪の原因、事件の原因、あらゆる過ちの原因はあたかも被害者あるいはトランスジェンダーにあるというナラティブが登場する。

このナラティブはマスコミ報道のかたちでそのまま露わになる。加害者がトランスパニック防御を主張したときに、マスコミはこれをそのまま書き写した。記事は、親密であるか性愛的関係にある相手がトランスジェンダーであれば、これは非常に衝撃的な事件なのでその衝撃は時に殺人を引き起こしてしまうという認識を積極的に再／生産し、流布した。もしマスコミにとって、あるいはマスコミに従事する個々人にとって、加害者の主張が的外れの荒唐無稽なものだったならば、記事で加害者の発言をそのまま伝えることはなかっただろう。特に加害者の主張のみを伝えることは、報道の基本原則にも反する。必ず反論を掲載する義務があるからである。しかしマスコミはそうしなかった。殺人という行為自体には同意しないとしても、加害者が主張するパニック防御を、マスコミもまたありうることとして受け止めたがゆえに、「反論」が存在しうると認識していなかったようである。

ところで、大邱で発生した事件の加害者は、なぜ嫌悪と異性愛－二元ジェンダー規範を引用せねばならなかったのだろうか？　もしこの事件が最初からトランス嫌悪犯罪ではなく強盗殺人犯罪として構成されていたなら、加害者は自分のカテゴリーをどのように説明すべきだったのだろうか？　今なおトランスジェンダーを不気味がる韓国社会で、トランスジェンダーをあえて選んだり愛好する人〔トランスラバー〕とトランスのパートナーは、見慣れぬ存在である。ハリス〔韓国のトランス女性の芸能人〕の元夫をゲイだと呼ぶ人がいるように、異性愛者のトランスジェンダーのパートナーを同性愛者と見なしたり、性的に問題のある存在とする認識もまた強固に作動している。また、トランスに恋人やパートナーがいると想像もできない人も多い。このような社会的雰囲気のなかで、MtF／トランス女性と性関係を持ったということが明らかになれば、加害者の性的指向あるいはジェンダーカテゴリー自体が「疑い」をかけられうる。これは、トランス関連の事件で加害者が「ゲイ」と見なされると同性愛嫌悪が作動することを意味する。だからこの事件を強盗殺人事件ではなくトランス嫌悪犯罪として再構成すれば、「トランスパニック防御」によって情状酌量を狙うことができるだけでなく、加害者は自分のことを異性愛―二元ジェンダー規範に適合する存在であると公表できる。他の多くの加害者が行ったように、「私はゲイではない」という強力な宣言ができるのだ。この宣言はトランス嫌悪が同性愛嫌悪と非常に固く絡み合っていることを物語っているし、これをつうじて嫌悪はただ一つの形態で構成されるのではなく、少しずつ別の種類の嫌悪が折り重なって作動することを確認できる。

また、MtF／トランス女性とつき合うことを好むトランスラバーの場合、性関係を持つ際に自分が挿入することもあれば、MtF／トランス女性に挿入してくれるよう要求し、これを好む場合もある。トランスラバーがMtF／トランス女性を求める理由は「ペニス」と呼ばれる形態の身体器官があるからである。MtF／トランス女性の「ペニス」と呼ばれる器官はMtF／トランス女性に向けられる嫌悪の根拠にもなるが、性を買う側がトランスジェンダーを選り好みする理由にもなる。[31] よって韓国の梨泰院（イテウォン）で働くあるトランスジェンダーは、お金を稼ぐためにはペニスが必要で、女性になるためにはペニスをなくさねばならないと言ってもいた。このとき、トランスジェンダーと性的関係を持つということは、非トランス男性がMtF／トランス女性の外性器（あるいはいわゆる男性の性的器官であるとされる「ペニス」）を性的道具として使用していたかもしれないことを暗示する。このとき、加害者は被害者の「性別がわかる接触」をしなかったと主張せねばならないだけでなく、警察署や裁判所で陳述するときに、事件をトランスパニック防御の論理で説明することが非常に重要になる。トランスジェンダーを嫌悪する社会的雰囲気、加害者の発言をそのまま垂れ流すマスコミの態度、恋人がトランスジェンダーであるというだけでショックだという認識は、加害者にとって非常に有利な条件であるのみならず、トランスパニック防御が決して単独犯で行われることはないということ、すなわち社会構成員が共謀した事件であることを強く示唆する。

## 4 規範を問うこと

嫌悪、そして嫌悪に基づく暴力は、その行為を可能にする文化的・社会的土台にあってこそ可能なことである。それゆえ嫌悪の暴力は反社会的行動ではなく、規範を身体化し具現化する行動であり、異性愛–男性性を立証する実践である。特にパニック防御は加害者に正当性を付与するのみならず、被害者誘発論を強化し、LGBT／クィアに向けた社会的偏見や否定的感情などを再生産するという点で、多くの研究者は法廷でのパニック防御戦略を禁止すべきだと主張する。[32] 実際、アラウゾ殺人事件が発生した後にカリフォルニア州は法廷でパニック防御戦略あるいは被害者誘発論を使用できないようにする法を制定した。

しかし、パニック防御を論じるすべての研究者や活動家が、法によってパニック防御戦略を禁止すべきだと主張しているわけではない。リーはパニック防御戦略の禁止は迂回戦略を活性化させるだけでパニック防御戦略を防ぐことはできないと主張する。(33) したがってパニック防御戦略を禁止するのではなく、被告の弁護士がパニック防御戦略を使用するのなら、検事がこれを明確に指摘して陪審員と判事がパニック防御戦略に同調しないように、それが嫌悪の発話〔ヘイトスピーチ〕であることを喚起させることの方が効果的であると論じる。韓国で検事がこうした役割を果たせるかはともかくとして、禁止法が本当にパニック防御を禁止できるのかについては、懐疑的にならざるをえない。リーの主張に同意する弁護士のデイビッド・アラン・パーキスは、反偏見犯罪法を作るとか、パニック防御を禁止する法を制定するといった措置はむしろ危険だと主張する。こうした法は「支配的な体のセックス二分法（男と女）、ジェンダー二分法（男性性と女性性）、そして性的指向の二分法（異性愛と同性愛）に関する限られたナラティブだけを適法化」するからである。(34) すなわち、禁止法はLGBT／クィアの体と生き方、経験を特定の仕方で制限し、法廷ではその制限に合う仕方で証言することを要求する。加害行為を規定する法は、暴力や犯罪を処罰するよりも被害者あるいは法の救済対象の方を規制して切り縮め、さらには被害者あるいはクィアを体制に順応する「適切な被害者」にして、法規制に適合した主体となるようにする。

とすれば、嫌悪と嫌悪に基づく暴力にどのように対応すべきだろうか？　パニック防御が受容されて加害者が減刑され、これを通じてLGBT／クィアに向けられた社会的嫌悪が承認されるときにも、これを受け入れるしかないのだろうか？　パニック防御が引用した支配的ジェンダー規範が絶え間なく再生産され、また新たに生産される状況を傍観しているだけでいいのだろうか？　でなければ、支配規範を引用して構成されるパニック防御がまさにその引用作業を通じて支配規範をいかに再び不安定なものにするのかを吟味すべきなのだろうか？　もしパニック防御が一方で規範を引用しつつも、他方でその過程においては当の規範を不安定なものにするならば、ジェンダー規範を引用してジェンダー規範の内容を構成し更新するパニック防御は、ジェンダー規範をどのように不安にしうるのだろうか？

ゲイパニック防御やトランスパニック防御は、異性愛−二元ジェンダー規範を引用して、これを共有する社会の共感を引き出すことで加害者の異性愛−男性性を確証する役割を果たす。すなわち、パニック防御は性的指向やジェンダーアイデンティティの構成のされ方を理解するにあたって重要な端緒を提供し、それに関連する社会的知識と情報を提供する。たとえば、誰かが両性愛者だとして、この事実はその人に関する何を教えてくれるだろうか？　男性と女性と同時につきあえる人？「乱れた」性関係を持つ人？パートナーとして信じられない存在？　とすると、誰かが同性愛者だとして、この事実はその人に関連していかなる情報を教えてくれるだろうか？　また、誰かが異性愛者だとして、この事実はその人に関連するいかなる情報を教えてくれるだろうか？　今日初めて会った人が異性愛者であるという事実を知ったからといって、その人の趣味、好きな食べ物、好きな小説のジャンルなどまでわかると仮定することはない。誰かが異性愛者であるという事実は、その人に関して何も教えてくれない。では、両性愛者や同性愛者だとすると？　両性愛者や同性愛者という事実は、それだけでその人に関するあらゆることがわかって、それ以上知るべきことはないと認識される。同様に、誰かがトランスジェンダーであるか、見た目は女性でペニスのある人であるという点が、その人に関して何を知らせてくれるのか？　何も教えてくれないか、至極断片的な情報を教えてくれるのみであるが、異性愛－非トランスではない場合にだけ、その事実が圧倒的に絶対的な情報となる。しかしこうした「情報」が教えてくれるのは、個々人の特性か何かではなく、社会がこれらの人たちをどのように認識し、その人たちを理解するさいにどのような認識が強く作動するのか、である。

ゲイ男性が自分を性的に誘惑しただとか、ペニスのある女性と性関係を持った（あるいは持ちそうになった）とかいう事実が、異性愛－男性性を深刻な危機に陥れるだけでなく、おぞましい恐怖であるという認識は、ゲイカテゴリー、男性間の性関係、ペニスに社会的意味が過度に付与されていることを意味する。性関係は往々にして二人きりの空間でなされると仮定されるので、相手がトランスジェンダーであれ、別のジェンダーカテゴリーであれ、それは必ず外部に知れわたるという理由はない。本人たちが沈黙すれば、あるいは互いの関係を秘密にすれば、問題が起こる可能性は至極低い。しかしながら、ペニスの形をした外性器がある人と結ぶ性関係が加害者をゲイにするものであるという恐怖は、ペニスに付与された社会的重みを推測させる。ペニスと外性器およびその付近の面積が人間の体に占める割合は一％ほどであろうが[35]、ここに付与される社会的・文化的な重みや面積は一〇〇％に達する。

同時に、ペニスに過度な意味を付与することは、異性愛－男性性が非常に脆弱で、殺人という手段を通してしか立証できない非常に不安定な状態である点を強調する。異性愛－男性性が社会秩序かつ基準であって、であるがゆえにとても自然な実践であるならば、数多くの加害者が殺人の理由としてパニック防御を動員せねばならない理由はなく、社会で最もひどい罪とみなされる殺人をしてまで異性愛－男性性を立証せねばならない理由はない。すなわち、異性愛－男性性を強調し立証しようとするこの行為は、異性愛－男性性が社会を構成する基本秩序であり自然の秩序であるという信念が虚構であることを、最もはっきりと露にするのである。この社会において最も価値があるとみなされる異性愛－男性性は、非常に脆弱で常に危機状態に瀕している。とすると、一つの社会の支配規範は本当に支配規範なのだろうか？　ここまで脆弱な支配規範は、いかにして支配規範としての役割を反復するのだろうか？　結局、支配的ジェンダー規範を引用して殺人を正当化したり防御したりする加害者の戦略と行為は、支配規範を強化すると同時にその実体に疑いの目を向けさせる。ジュディス・バトラーは、規範はそれ自体として存在するのではなく「まさにその規範の結果として作用」すると指摘した[36]。規範はそれ自体として遂行的で、先行する規範は存在しない。この意味で、パニック防御が引用し、パニック防御を正当化するために引用する支配規範は、支配規範ではなく嫌悪と暴力をつうじて事後に支配規範として再構成されたものである。

パニック防御戦略は、異性愛－二元ジェンダー規範をこの社会の支配規範として引用して成立するが、この引用作業は異性愛－二元ジェンダー規範こそが人を殺してまでも守るべき価値のある規範であるとすることで、この社会の重要な規範を構築する過程でもある。規範はそれ自体として規範なのではなく、無数に多くの実践を通じて、そして引用される過程を経て、規範として構成される。もし規範のこうした性格を正確に理解するならば、もう一つ別の問いを投げかけることができる。異性愛－二元ジェンダー規範は本当に規範なのか？　この社会に同性愛嫌悪やトランス嫌悪は本当に蔓延した現象なのか？　この問いはＬＧＢＴ／クィアの生を不可能にする社会的条件や環境などないという意味ではない。支配規範によって経験する多様な差別と抑圧を否定せずに、その代わりに支配規範を強固かつ自然に作り上げる行為を問題化し、そうすることでその規範が本当にこの社会の支配秩序なのかを問おうとするのである。それも支配規範によって差別や嫌悪の対象となっている「私たち」ではなく、支配規範を引用して嫌悪を再生産し規範を遂行する、まさにその当人たちに、それは本当に支配規範なのかを立証せよと要求するのである。このとき、パニック防御戦略の被害者、別れ話殺人の被害者に責任を帰するのではなく、なぜゲイやトランスというアイデンティティ、あるいは別れを切り出したことがパニックを引き起こすほどだったのかを問うことができるし、「社会的信頼」とは一体何なのかを、被害者とその支持者たちに弁明させることなく語ることができるのだ。

## 5　おわりに

大邱のトランスパニック防御事件の裁判の結末がどうなったのか知りたい読者も多いだろう。加害者のパク氏は一貫してトランスパニック防御を主張したが、裁判所は反省の色がなく悪質な犯行であるという理由で懲役一五年を宣告した。大法院〔最高裁判所〕は加害者の控訴を棄却した。すなわち、韓国の裁判所は、パニック防御戦略を受け入れなかったのである。しかしこの結末は、判決文が公開された後か、事件を確認できる場合にしか知りえない。トランスを殺害する事件はかなり頻繁に発生しており、多くの場合はマスコミの報道もされない。だからトランスジェンダーを殺害した事件で加害者が裁判所でどのような戦略を採ったのかは確認できない。

パニック防御関連の議論が活発な米国は、陪審員制度があるためにパニック防御戦略がある程度受け入れられている方である。パニック防御戦略が登場したのは一九六〇年代からであるが、今に至るまでパニック防御戦略が言及されるという事実は、陪審員の全員がパニック防御戦略を受け入れるわけではないとは言え、しばしば受け入れられていることを意味する。この場合、一級殺人なら二級殺人に、あるいはもっと軽い量刑に減刑される。パニック防御戦略が受け入れられることもあるという点は、陪審員が加害者と被害者のうちどちらの方により感情移入しているのかを示している。特に加害者が白人で被害者が黒人、陪審員のほとんどが白人で構成されていたらどうだろうか？　実際、これに似た事件があった。被害者と加害者は、双方ともに同じ学校の学生で、生まれたときに男性として指定された。被害者は非白人で、目よく女性の服装で登校し、加害者は白人でネオナチ活動をしていた。しかし学校のなかで問題児として目をつけられていたのは被害者の方だった。被害者は加害者に愛の告白とも思われる告白を数度行い、それによって加害者は被害者を銃器で殺害した。この事件が裁判になったとき、弁護士は被害者の加害者への告白が加害者をがけっぷちに追いやったことで銃器事件が引き起こされたと主張し、陪審団の一部はこの主張を積極的に受け入れて加害者救済活動を展開しもした。この事件が起こったのは、二〇一〇年代にマイノリティの人権に友好的な地域として評価され、かつ、裁判所でのパニック防御の使用を禁じていたカリフォルニア州であった。

パニック防御あるいは被害者誘発論は、被害者を処罰して加害者を救済することで、加害者に有利な社会を作る最も強力な道具である。特にパニック防御と被害者誘発論は、加害者を被害者にし、殺人事件の被害者を加害者にすることで加害と被害の関係をひっくり返す。何が加害で何が被害なのだろうか？ 社会的認識によっては、殺人事件の加害者が被害者と化しうるし、無辜の被害者が加害者に殺人という重大犯罪に手を染めるよう誘導した加害者となりうる。加害と被害は単なる構図ではなく、とても複雑な力学がそこにはある。このときに重要なのは、加害と被害をひっくり返す作業は、加害者個人の逸脱あるいは加害者が頭を使って練りだしたものではなく、社会の支配規範、被害者に向けられる社会的非難と否定的認識が共謀して、徹底的に規範を成立させていく過程でこそこの逆転が可能になるという点である。加害者が自分こそ被害者だと主張し、これを社会が承認するとき、あるいは加害者が被害者のせいでショックを受けたという主張に同情して加害者に対する被害者の配慮が足りなかったと非難するとき、これが可能になるような規範は一体何なのか、さらにこの規範はなぜ維持されてしまうのか？ あるいは、この規範の維持に共謀している人々の責任はどのように問題にできるのか？　このような問いは、私たち皆が間違っていたとか、社会が共犯なのだからと責任を隠ぺいしようとするものではない。少数の、一人か二人の加害者を非難することで、加害者と共謀していたにもかかわらずすべての責任から逃れている人々の責任を、はっきりと問いたいのである。ひいては、パニック防御や被害者誘発論を可能にする規範は、一体いかなる規範であり、これがなぜ支配規範とならねばならないのかを、被害者ではなく、この規範を積極的に活用する人々にこそ、答えるよう要求すべきなのである。この要求は支配規範、あるいは多様なありようで生み出される規範を当たり前の秩序にすることに共謀する代わりに、それを解明し説明すべきこと、糾明し立証すべきことにする作業である。

（1）パニック防御を扱った本章は、ここ一〇年の間にあちこちのメディアに同じテーマで書いた原稿のうち最新のものである。本章でパニック防御関連の議論を整理できることを願うが、結局のところ本章はパニック防御をめぐる議論の始まりにすぎないのかもしれない。本章の執筆過程で本当に多くの方々に助けられた。韓国性的マイノリティ文化人権センター、法務法人ハンギョル（パク・チンミ次長）とハンギョル基金で一緒に研究した研究員たち、チヘ、キム・ヒョンミ先生および一緒に授業をとった仲間、性文化研究会トランスのメンバーたち、そしてHにこの場を借りて感謝の意を伝えたい。

（2）訳注　韓国では現在、恋人関係での暴力（デート暴力）が問題化されており、その一つとして恋人と安全に別れることを「安全離別」と名づけて問題化しようとしている。安全離別とは、男性によって監禁や暴行など身体に危害を加えられたり、ストーキングされるなどによって行動を制約されたり、プライベートな写真や動画を公開すると脅されたりすることなく、相手との関係を安全に解消することを指す。

（3）ルイン、ユン・タリム、ジュンウ、ハン・チェユン「判決文と事例分析に見る性的マイノリティ対象の「嫌悪暴力」の構造に関する研究」韓国性的マイノリティ文化人権センター、二〇一五年。リュ・ビョングァン「米国の刑事手続き上の同性愛被害者保護に関する議論」『比較刑事法研究』第一八巻第一号、二〇一六年、二九五―三一五頁。

（4）Cynthia Lee, "The Gay Panic Defense", *U. C. Davis Law Review* 471, 2008, p. 482; David Alan Perkiss, "A New Strategy for Neutralizing the Gay Panic Defense at Trial: Lessons From the Lawrence King Case", *UCLA Law Review* 60, 2013, p. 795.

（5）Lee, ibid., pp. 482–483.

（6）Perkiss, ibid., p. 795.

（7）Lee, ibid., p. 477.

（8）Lee, ibid., p. 484.

（9）Lee, ibid., p. 488.

（10）Michael S. Kimmel & Matthew Mahler, "Adolescent Masculinity, Homophobia, and Violence: Random School Shootings, 1982–2001", *American Behavioral Scientist* 46.10, 2003, pp. 1439–1458; Lee, ibid., p. 479.

（11）Victoria L. Steinberg, "A Heat of Passion Offense: Emotions and Bias in 'Trans Panic' Mitigation Claims", *Boston College Third World Law Journal* 25.2, 2005, p. 514.

（12）Robert B. Mison, "Homophobia in Manslaughter: The Homosexual Advance as Insufficient Provocation", *California*

*Law Review* 80.1, 1992, p. 158.

(13) たとえば俳優のファン・ジョンミンは映画『ロードムービー』で同性愛者を演じたが、後に「本当に大変だった。女を愛する側に生まれたのに、男を愛する演技だから大変だった」と語り、「本当に男が男を愛するという演技をするのは大変だよ。ストレスで体中に蕁麻疹が出た」というような発言をした。ファン・ジョンミンがこの類の発言をしたのは一度ではなく、一年後に再び語っている。「ファン・ジョンミン「同性愛の演技、体中に蕁麻疹が出るほど大変だった」胸中を吐露」『ニュースEN』二〇一〇年二月一〇日付、「ファン・ジョンミン『ロードムービー』同性愛演技で蕁麻疹まで」『マイデイリー』二〇一一年六月七日付。

(14) Lee, op. cit., pp. 490–516.

(15) Lee, op. cit., p. 520.

(16) Mison, op. cit., pp. 135–136.

(17) 韓国女性ホットライン連合編『韓国女性人権運動史』ハンウルアカデミー、一九九九〔韓国女性ホットライン連合編『韓国女性人権運動史』山下英愛訳、明石書店、二〇〇四年〕。チョン・ヒジン編『韓国女性人権運動史2 性暴力を書き直す——客観性・女性運動・人権』図書出版、ハンウル、二〇〇三年。

(18) Susan Stryker, "(De) Subjugated Knowledges: An Introduction to Transgender Studies", *The Transgender Studies Reader*, Ed. Susan Stryker and Stephen Whitle, NY: Routledge, 2006, p. 10.

(19) Talia Mae Bettcher, "Appearance, Reality and Gender Deception: Reflections on Transphobic Violence and the Politics of Pretence", *Violence, Victims, Justifications: Philosophical Approaches*, Ed. Felix O Murchadha, Oxford: Peter Lang, 2006, p. 183; Moya Lloyd, "Heteronormativity and/as Violence: The 'Sexing' of Gwen Araujo", *Hypatia* 28.4, 2013, p. 827; Morgan Tilleman, "(Trans) Forming the Provocation Defense", *The Journal of Criminal Law & Criminology* 100.4,

2010, p. 1669.

（20）Janice G. Raymond, *The Transsexual Empire: The Making of the She-Male* (original 1979), Teachers College Press, 1994.

（21）Bettcher, op. cit., p. 181.

（22）アラウゾに関連する基本的な事実はLee（前掲）とSteinberg（前掲）を参考に整理した。

（23）Cynthia Lee & Peter Kwan "The Trans Panic Defense: Heteronormativity, and the Murder of Transgender Women", *Hasting Law Journal* 66, 2014, pp. 77–132.

（24）Bradford Bigler, "Sexually Provoked: Recognizing Sexual Misrepresentation as Adequate Provocation", *UCLA Law Review* 53, 2006, p. 812.

（25）Bigler, ibid., p. 798.

（26）大邱地方法院２０１０コ合２８１。大邱地方法院２０１０ノ３９１。

（27）大邱地方法院２０１０ノ３９１。

（28）大法院２０１０ト１５９１０。

（29）本段落の内容および直接引用はすべて一審裁判判決文（大邱地方法院２０１０コ合２８１）と二審判決文（大邱高等法院２０１０ノ３９１）を参照した。

（30）Tilleman, op. cit., p. 1661.

（31）Richard A. Crosby & Nicole L. Pitts, "Caught Between Different Worlds: How Transgendered Women May Be 'Forced' Into Risky Sex", *Journal of Sex Research* 44.1, 2007, pp. 43–48; Khartini Slamah, Sam Winter, and Kemal Ordek, "Stigma and Violence Against Transgender Sex Workers", *RHRealityCheck.org*, 2010; Martin S. Weinberg, Frances M. Shaver, and Colin J. Williams, "Gendered Sex Work in the San Francisco Tenderloin", *Archives of Sexual Behavior* 28.6,

1999, pp. 503–521.

（32）リュ・ビョングァン、op. cit.; Mison, op. cit.; Steinberg, op. cit.; Tilleman, op. cit.

（33）Lee, op. cit.; Lee & Kwan, op. cit.

（34）Perkiss., op. cit., p. 805.

（35）火傷面積計算法によると、会陰部あるいは外性器周辺の部位は一％と算定される。火災保険協会 https://www.kfpa.or.kr/pdf_file/D/1/D1_1-4.pdf（二〇一八年一月二三日閲覧）。嘉泉大学吉病院応急医療センター http://er.gilhospital.com/data/life_05.html（二〇一八年一月二三日閲覧）。

（36）ジュディス・バトラー『ジェンダーを壊す』チョ・ヒョンジュン訳、文学と知性社、二〇一五年、八九頁〔Judith Butler, Undoing Gender, Routledge, 2004〕。

# 第5章

# 被害者アイデンティティの政治とフェミニズム

## チョン・ヒジン

女性学博士。平和学研究者。書評家。国防省両性平等委員会民間委員、韓国女性ホットライン連合専門委員、梨花女子大学政策科学大学院招聘教授。著書に『フェミニズムの挑戦』、『とても親密な暴力 ── 女性主義と家庭内暴力』、『チョン・ヒジンのように読む』、『見知らぬ視線 ── メタジェンダーで見る世界』、『独りで見た映画』、『チョン・ヒジンのライティングシリーズ』(全五巻)があり、『#MeTooの政治学 ── コリア・フェミニズムの最前線』『両性平等に反対する』、『性暴力を書き直す ── 客観性、女性運動、人権』、『韓国女性人権運動史』などの編著者だ。フェミニズム、生態主義、国際政治、脱植民主義に関連した50冊あまりの共著がある。

# 1　フェミニズムの大衆化と女性主義の言語

二〇年前、私は「済州四・三事件五〇周年記念国際学術大会」に参加した。そのとき、四・三事件を初めて知った。高校と大学時代、玄基榮（ヒョンギヨン）の『順伊おばさん』を二回読んだのに、四・三事件を背景にした小説とはわからなかった。脈絡のない知識とはこういうものだ。虐殺現場のフィールドワークもした。何から何まで、すべてが衝撃だった。その後、四・三事件は私の人生の転換点になった。事件の性格そのものも衝撃だったが、そのとき、私は大会に参加した「済州出身ではない中産層知識人」たちに傷ついた。彼らから「被害者／運動家／研究者」の位置をめぐる明らかなヒエラルキー意識を感じたからだ。

私は自分の傷の「答え」をフェミニズムに見出した。フェミニズムは最もヒエラルキーの少ない思想だ。私は女性として、被害当事者として生きており、これについて問題提起を止めない政治的人間であることを望み、絶えず問題提起をすることがすなわち知識を生み出す方法であると信じている。

二〇〇〇年代以後、女性主義は急速に大衆化された。歓迎すべき現象だが、私は最近「一部のフェミニスト」の主張に触れるなかで、ジェンダーとは何かを考え直すようになった。女性とは誰か？　被害の経験は自明の事実になるか？　フェミニズムは「社会正義」なのか、「政治的ドグマ」なのか（前者なら論争と闘争が必須だが、後者は宣言と非難だけでも可能だ）。本章は、特にネット上で二〇〜三〇代女性たちを中心に活発に展開されている「フェミニズムの大衆化」あるいは「復活」と呼ばれる状況に関して、「被害者ー運動家ー研究者」を目指す私の悩みが込められている。

二〇一五年から発生した一連の出来事は、韓国社会のあちこちで生じた日常的なジェンダー戦争の始まりとなり、この戦争は今後も続く見通しである。ジェンダー戦争の様相を比喩すると、女性は覚醒しすぎた状態で、男性は酔いが覚めきっていない、あるいは自分が酒に酔っていることも知らない状態だと言える。

この間の重要な出来事を時系列で並べると次のようになる。

- 二〇一五年一月、「フェミニストが嫌いなのでＩＳに加入する」と書き残してトルコに渡った「キム君事件」。
- 二〇一五年二月、キム・テフン「ＩＳより無脳児的フェミニズムの方が危険です」というコラムを掲載。
- 二〇一五年二月、これに怒った女性たちの「私はフェミニストです」宣言運動。
- 二〇一五年四月、チャン・ドンミンの女性嫌悪と卑下、これに対する女性たちの抗議にもかかわらず続いた放送出演。

・二〇一五年五月、別名「ツイフェミ」（ツイッターをベースに活動するフェミニスト）の登場。

・二〇一五年六月、いわゆる「進歩論客」の一部が犯してきた女性に対する暴力を被害女性たちが相次いで暴露し告訴。

・二〇一六年五月、「江南駅殺人事件」の社会的衝撃、女性たちの怒りと覚醒。

・二〇一六年七月、ゲーム会社ネクソンがメガリアのTシャツを購入した女性声優キム・ジャヨンを解雇した事件。

・二〇一五年から二〇一七年にかけてメガリアの登場とメガリアに集ったフェミニストたちの枝分かれ。[1]

・二〇一五年「女性優先」を主張するフェミニストの活動。[2]

上記の事項のうち、最後の項目の女性主義者たちは、連帯（あるいは節合articulation）の政治としてのフェミニズムに反対する。[3]この人々の主な主張は「女性優先」だが、ここで言う女性とはいかなる女性なのか。同質的集団としての女性は可能なのか？　本章は、これまで女性主義理論で最も先鋭的な論争のテーマとされてきた女性のカテゴリーに関して（今さらながらではあるが）私が抱いている悩みについて書いたものである。本格的な議論に先立って、まず、あらゆる社会運動において「優先」と「後」の政治が可能なのかを問いたい。

二〇一七年二月一六日、「政策空間・国民の成長」フォーラムで、当時「共に民主党」の大統領候補であった文在寅（ムンジェイン）が性平等に関する演説を行っていた最中に、女性同性愛者が発言を求めると、文候補は「後にお話しする機会を差し上げますよ」と述べ、その場に参加した別の女性たちは「後で！」コールを繰り返した。私は文候補とその場で「後で！」と叫んだ女性に問題を提起するつもりはない。それよりも私は韓国の社会運動に根強い、あるフレームについて話したい。「後で！」は私が過去二五年間、女性主義の周辺で働きながら無数に聞いた言葉だ。「性差別は民族問題と労働問題が解決した後で」。私はこの言葉を「同じ」女性たちから聞かされるなんて思いもしなかった。

「先に／後で」の政治を主張する人たちは、自分自身を「後先」の基準にする。自分の時間が現代性（contemporary）なのだと主張することで、時代の唯一の主人公であろうとする。しかし、（特にジェンダー問題においては）「誰が先で、誰が後なのか」を問いただすよりも、そのような考え方自体が、まさに人間のヒエラルキーを前提とした発想であることを知るほうが大切である。歴史は語る。あらゆる権力の作動原理は、排除する主体が誰であり、排除される対象が誰なのかによって決定されるということを。そして、その権力によって「優先視される女性」の人権すら、「後に実現される女性」の人権によって決定されるという事実を。人権には競合があるのみで、順序はないからだ。

「女性優先」を支持する人々がフェミニズム言説を誤用して専有しているので、私は本章で既存のフェミニズム概念を検討しようと思う。本章は、社会的に通用してはいるが、それぞれが別のかたちで使っている、女性主義の代表的概念である「被害」「被害者」「アイデンティティの政治」「新自由主義」に対する私の立場表明である。

ゲルダ・ラーナー[4]（Gerda Lerner）の言う通り、女性の悲劇は自分の歴史を否定したり無知を強要されるということにある。しかし、現在の韓国社会では女性主義に対する無知を「強要」されるというよりは、当然視したり、人文学全般の危機の中で勉強しなくてもいいという社会的雰囲気がもっと強いようだ。男性社会が無知を助長するのは、女性の経済的・政治的地位の向上を恐れて**ではない**。男性社会は差別と暴力という二つの武器を持っている。女性の地位がいくら高まったとしても、男性には性暴力、家庭内暴力（妻に対する暴力）、性売買という制度化された武器がある。

男性社会が最も望まない状況は女性が自分の言語を持つこと、つまり女性が被害と加害を規定する過程に介入する「認識論的権力」を持つことである。それにもかかわらず、女性主義の言語に対する無知が蔓延している理由は、男性の場合は彼らの利害関係のためであり、一部の女性の場合は男性社会の慣行を自ら内面化した自己嫌悪のためである。男性中心社会で女性の経験は伝わらず、女性の歴史は削除される。そのため、私をはじめとする多くの女性が初めて女性主義に接したとき、「私が初めて知った！」という、戸惑いと驚きを越えた度はずれの使命感を抱きがちである。この「度はずれの使命感」と情熱が新自由主義時代の自我概念と出会い、オンライン文化を享受するとき、いかなるフェミニズムが登場するだろうか。

社会的弱者には金、権力、暴力、制度のような伝統的な資源がない。「私たち」にとって唯一の資源は新しい言語と倫理だけだ。この二つを捨てるとき、つまり支配者の道具を欲望するとき、社会運動は堕落して崩壊する。それゆえクォンキム・ヒョンヨンはこのように言う。「私たちにはよりよい論争をする権利がある」(5)。

## 2
## 被害は事実ではなく競合する政治の産物だ

人類の歴史上、社会的弱者にとって正義にかなう社会は存在しなかった。加害と被害は日常だが、自分を加害者と考える人はほとんどいない。被害はそれ自体として自明の事実とならない。誰もが合意する被害は可能ではないからだ。満員バスの中で足を踏まれたとき、親友に詐欺にあったとき、私の小さな善意がからかわれたとき、隣の建物の工事でほこりに悩まされたとき、雨の日に通るバスに泥水を飛ばされて服が台無しになったとき、少しいいことをしようとして時間とお金を浪費してストレスに悩まされたとき、共同体でいじめにあったとき、性暴力を受けたとき、性別や人種によって賃金差別を受けたとき、「通り魔暴力」を受けたとき、などなど。

このうち、どの問題が個人的、微視的、軽い被害で、どの事案が構造的、巨視的、深刻な被害なのか？構造と無関係な個人的な問題はない。また、あらゆる社会問題は連動するため、構造と個人、公私の区別も意味がない。被害のヒエラルキーはさらに危険である。人々は「自分の苦痛が一番大きい」と思っている。そのうえ、被害に対する個人の反応の範囲も複雑で計量化できないのが人間だ。「得度」した人もいるし、長い後遺症に苦しむ人もいる。これは根本的で実存的な問題なので、本章で扱える事案ではない。

被害の事実は、築いていかなければならない歴史である。信じられないだろうが、今もなお、ナチスのホロコーストを否定する「歴史学者」[6]たちが少なくない。「そんなことはなかった」というのだ。日帝強占期〔植民地期〕の日本軍「慰安婦」問題は言うまでもない。長い歳月の間、五・一八光州民主化運動は「光州事態」であり、四・三事件はいまだに名前を見つけ出せていない。セウォル号〔二〇一四年四月に旅客船のセウォル号が転覆して沈没した事件〕はどうか。この事件は「単なる交通事故」かもしれないし、国家暴力かもしれない。

被害は発見されるのではなく「言説的実践」によって発明すべき対象である。それゆえフェミニズムは、すべての被害言説が新しい地形に発展できる道しるべになる。被害者が女性であり、被害の性格がジェンダーやセクシュアリティに関するものであるとき、事実自体が否定されるのが日常茶飯事である。法体系だけに限って言えば、処罰するかどうかではなく事件の成立そのものが争点になるため、女性の被害は裁判どころか起訴の段階まで進むのも難しい。加害者ではなく被害者の行動や性格、生活スタイル全体が問題視される。また、私を含めて多くの女性は被害事実を自分から世間に知らせない。届け出ないのだ。家父長制社会は女性の経験を否定し、女性の言葉を信じないからだ。

女性が被るジェンダー被害ほど、軽重を扱いにくい問題もないだろう。ジェンダーは、それ自体で女性の人生だからだ。男性加害者は加害事実さえ知らず、女性も自分や他の女性が受けた被害に対して「軽重」を判断するのは困難だ。家庭内暴力防止法や性売買処罰法が制定・施行されて二〇年近く経ったにもかかわらず、違法かどうかを気にもとめない加害者であふれている。女性に対する暴力は当然許されてきた男性の権利だった。違法だと告知したときに驚く男性も多く、違法だということを十分知っていながら犯罪を犯す男性も多い。処罰されないという現実をよく知っているからである。これは性別関係による構造的被害だとは言え、女性が女性の被害に共感しにくい場合も多く、フェミニストでも女性の被害に十分共感できなかったり役に立てない場合も多い。

「被害」「被害者」「被害者の擁護者（advocacy）」「フェミニズム」、この四つの概念とそれぞれが切り結ぶ関係に正確な地図はない。明らかなことは一つだ。重ねて強調するが、被害はそれ自体で真実ではなく闘争によって獲得される概念であり、この過程がまさにフェミニズムだという事実である。社会的弱者が経験した被害がそのまま認められるなら、ユートピアだろう。しかし、歴史はそうではない。誰が社会的弱者で何が被害なのか、この問題に関する複雑な論争が前提されなければならない。ところが韓国の男性たちは被害意識さえも男性文化の一部として「所有」している。加害者の被害意識、被害者の罪の意識は韓国社会ではよくあることだ。そのためフェミニズムは最も急進的で「先進的な」政治であらざるをえない。フェミニズムは非政治的と見なされてきたが、非可視化された被害を露わにし、加害と被害をめぐる葛藤、すなわち社会正義の重要な議題を提起する。

被害には、承認をめぐる闘争、集団行動、社会運動、女性主義など様々な名前で呼ばれる実践を通じて社会的合意に到達していく過程が求められる。誰かが被害を受けたからといって、自然に被害者になるわけではない。そうであったならば、すでに家父長制社会や資本主義社会は存立しえなかっただろう。「被害者になること」とは、被害者であると主張することではなく、被害者としての位置を絶えず省みることを意味する。被害者が被害を認められる過程には、換骨奪胎するほどの苦痛に満ちた体の変化を経験しながら、別の人間に生まれ変わる旅程が必要だ。言い換えれば、人間の体は記憶（意識）装置として、自分の経験を新たに再構成（re-member）しなければならない。このとき、文字通り四肢（member）を組み替える肉体的苦痛が伴う。

ジェンダーは被害の可否を決める最も熾烈な激戦場である。ジェンダーによる苦痛は人間の歴史において最も深く隠れている「事実」だからだ。フェミニストは、見逃している真実を探し出す人々だ。フェミニズムが社会正義と新しい知識の最前線にあるしかない理由がここにある。フェミニズムは「誰が交渉の席に座っていないのか、誰の関心事が明確に表現されていないのか、誰の利益が表明されていないのか、そして誰の真実が発言されたり認められていないのか」を認識する過程の政治である。(7)

ポール・トーマス・アンダーソン（Paul Thomas Anderson）監督の映画『マグノリア』を見ると、父親に性的暴行を受けた被害女性が「あのことはあった（But It Did Happen）」というタイトルの絵を描くシーンがある。彼女は忘れないように、そして被害を認めてもらうために絵を描いたのだ。これが私たちの生きる世界であり、生きてきた世界である。フェミニズムは、この過程に介入すべきである。

## 3 アイデンティティの政治

アイデンティティは個人が特定の集団と自己とを同一視することによって自己を構成する重要な要素である。すべての人間は誰一人として同一ではないので、同一性の共有は可能ではない。しかし人間は、自分が誰であるかを知る過程において必ず他人、他人との関係が必要である。そのため同一さではなく同一視なのだ。同一であるという「考え」が自我を形作るのである。アイデンティティの政治は「同一性」の政治ではなく「同一視」の政治である。アイデンティティの政治の有用性と限界は、同じ原理から生じる。まさに絶対に同一ではないが、同一「視」する世界を生きるということだ。

アイデンティティの政治の二つの代表的なものは、一見相反するかのように見える民族主義とフェミニズムである。民族と女性というカテゴリーの構成員が最も多く、「現実政治」においてその意味と作動が強力だからだ。(8) 民族主義の影響力が強大な理由は、民族主義が男性の利害を反映する、それ自体ジェンダー政治であるからである。同じアイデンティティの政治なのに、民族主義は強力で、フェミニズム（やクィア政治）は正反対にある。そして、二つの言説の力の差が家父長制として現われるのである。民族主義は男性主体を民族の代表とし、残りの人々を非国民（保護されるべき国民）と想定する。民族の同一性を構成するために、正常な男性（異性愛者、中産層、非障害者）は自分を中心にしたうえで、女性をはじめとするほとんどの構成員を排除する（たとえば、〔三・一運動で獄死した〕柳寛順（ユグァンスン）烈士を「柳寛順ヌナ〔「ヌナ」は男性が年上女性を呼ぶときの呼称〕」と呼ぶ文化が代表的だ）。

簡単に言えば、民族主義は「男性は自分を民族に、女性は自分を女性」にアイデンティファイする政治である。そのため、ジェンダー認識なくして民族主義を説明することはできない。女性主義者が最も苦しめられる質問である「民族（あるいは労働者）が重要なのか、女性が重要なのか」といった言説はナンセンスの極みである。これは、あらかじめ女性を集団から除外しておき、それを女性に再び証明しろと取り調べをする暴力であるからだ。

近代民族主義は外部民族との区別が必要なとき、内部を団結させて一つに縫合することで自らを形成してきた。民族の構成員は階級、性別、地域、性アイデンティティなどによってみな異なるが、同質性を強いられる。民族主義は私たちが毎日経験しているように、民族構成員間の経済格差や地域差別などによって全く異なる人生を歩んでいるにもかかわらず、「国民として同じだ」と思わせる政治である。

支配勢力と被支配勢力が国民、民族、男性、異性愛者として同一だというイデオロギーの効果は強力だ。支配者は、被支配者の同意を得て、彼らの支持を動員することで共同体の利益を独占する。「サムスンは韓国の誇りだから批判してはならない」や「社会的弱者の問題は後で解決しよう」という論理がその代表的なものである。特に韓国社会は、日帝強占期と南北分断体制を経て、「我々内部の団結」対「外部の敵」の枠組みを構成する支配論理が働きやすい条件にあった。

フェミニズム理論におけるアイデンティティの政治の位相を論じる前に民族主義を例に挙げたのは、民族主義とフェミニズムが、勢力では大きな差があるが似たような原理を持っているからである。女性は当然同じではない。「私たち」が女性であると同時に人間であるのは言うまでもないし、ある場合には女性であるというよりは黒人であったり老人であったり貧しい人々である。ところがジェンダーシステムは、第一に個人を男女に分離し、第二に男性と女性は本質的に異なると述べ、第三に同じ性別同士は同じ属性（男性性、女性性）を共有するという規範を前提とする。これは差別のために違いを作ることであり、家父長制が必死になって人間を男女に区別しようとする理由でもある。これに抵抗するフェミニズムは、女性たちの間の違いと等しさを議論する。「差別は悪い。しかし、違いは認められなければならない。多様性が重要だ」という平等主義は、差別問題を解決することはできない。というのも、違いが作られる過程そのものが差別であるという点を隠蔽するからである。

性的マイノリティと異性愛者を区別して差別する態度が家父長制の原理だ。それゆえ「クィア政治」はフェミニズムの成立条件となる。これはまるで、階級がジェンダーなしには作動できないのと同じ理である。クィアは、人間の性別を両性に固定しようとする家父長制社会に問題を提起する複数のジェンダーである。ジェンダー還元主義や「女性純血主義」は正邪を問わず、可能ではない。

アイデンティティの政治とフェミニズムの関係は、一九六〇年代の米国の公民権運動の中で伝統的な社会学界がアイデンティティの政治を「新社会運動（new social movement）」と名づけたときから論争の的だった。当時の女性運動は黒人運動とともにアイデンティティの政治を代表する新しい社会運動だった。

アイデンティティの政治としてのフェミニズムは，男性中心の普遍性に違いを提起することで、「人間＝男性」ではないことを主張した急進的な政治であり、現在もそうである。女性が女性に同一視する文化がなかったとき、女性は自分が誰なのかわからなかった。このとき、女性は男性を基準に説明されるだけだった。不可視化されたり「二等市民」だったり「失敗した男性」だったり……。女性アイデンティティは、女性というカテゴリーが独自に存在し、女性が構造と日常、家庭と社会など人生のすべての領域で男性と全く違う位置にあり、男性中心構造から暴力と差別を受けるということを気づかせてくれた。そして女性のアイデンティティは、男性との同一視や、男性から認められることを欲望しなくても（「夫がいなくても」「男性が望む優しくてきれいな女性でなくても」など）社会的なメンバーシップを得られるという自尊心と自覚を与えた。これは女性主義の歴史の中で、女性個人の歴史の中で経験する「初期」の姉妹愛につながった。

このようにアイデンティティの政治は、抑圧される個人が抑圧される弱者の集団に自分を「所属」させる過程でもある。一種の政治的帰郷として、「奴隷」にも家があるという（束の間ではあるが）「安堵の政治」なのだ。この事実は非常に重要だ。社会的弱者のアイデンティティが既存の資本主義社会や家父長制社会とは異なる新しい共同体を作る根拠になるからである。社会的弱者のアイデンティティは、国家を中心に政治を思考せずとも、社会を民主化する過程を生む。そして新しい共同体（コミュニティ）は既存の社会から排除された弱者たちが、「主流」社会とは異なる彼らだけの経験と差別認識を共有する政治的空間になる。

自分が抑圧されたという事実から出発するアイデンティティの政治は、次のような要素に焦点を置く。私たちは被害者であり、力がなく、こうした事実を認められることを（執拗に）求める。この点で、すべてのアイデンティティの政治は「ルサンチマン」、すなわち「怨望」と「怨恨」の情緒を持つ（韓国の民族主義が代表的だろう）。これは悪い意味ではない。問題はアイデンティティという自覚が「とどまるとき」、つまりアイデンティティを被害者として本質化するときである。

アイデンティティの政治は、被害者性を根幹とし、これを強調すればするほど強まらざるをえない。このとき、アイデンティティの政治の主人公は苦しむ自我であり、このために集団の内部で苦痛のヒエラルキーが生じる。[9] より弱い者、より大きな被害、完璧な被害、その集団の正統な被害（女性主義においては性暴力）が重要視される。ウェンディ・ブラウンが指摘したように、実際、このようなアイデンティティの政治は、政治化されたアイデンティティ（politicized identity）である。[10] 被害者性を本質化するアイデンティティの政治は、人間の実存を抑圧された経験によって構成する。周辺化、排除、従属の傷が存在を証明するのである。これは望ましくないだけでなく、危険だ（西欧の歴史においてユダヤ人迫害が今日のシオニズムに変貌したという事実を考えてみよ）。

女性が男性と異なるからといって、他の女性と自然に同じになるわけではない。ジュディス・バトラーは『ジェンダー・トラブル』でこれを正面から批判し、フェミニズムの転換をもたらした。アイデンティティは、言説実践の産物であって本質ではなく、女性運動は必ずしもアイデンティティの政治に基づく必要はないということだ（『ジェンダー・トラブル』の副題は「フェミニズムとアイデンティティの転覆（日本語では「攪乱」）」である）。

人生も闘争も容易なことではない。女性は男性との違いに気づいた「翌日」に、女性たちの間にも違いがあるという現実に直面することになる。このとき、違いとこれによる問題を男性的な方法で縫合し始めてしまうと、アイデンティティの政治は堕落し始める。女性としてのアイデンティティの政治が陥りやすい落とし穴に引っかかるならば、すなわち被害は女性の本質であり、女性は被害者として一つにならなければならないと主張するのであれば、女性は再び普遍性（uni-versal）に縛られることになる。これこそまさに、フェミニズム思想史において「白人中産階級フェミニズム」があれほどまでに批判された理由である。

パレスチナ女性とイスラエル女性の関係を考察したニラ・ユヴァル－デイヴィスは、女性間の違いを「横断の政治（trans-versal politics）」として思惟しようと提案する。女性としてのアイデンティティを捨てずに、そこにおいて女性の間の違いが「私」を構成する重要な政治であることを自覚する移動がともに起こらねばならないというのだ。[11] この問題はフェミニズムだけに限らない。白人男性異性愛者中心の近代の単一世界観（還元主義、歴史主義、起源主義、因果論など）は、それ以外の世界を排除する一枚岩的（monolithic）権力である。

女性主義を先頭にした脱植民主義の悩みは、資本主義文化の総体と言えるこの怪物の塊をどのように解体するか、である。ジェンダーだけでなく、人種、国家、宗教、地域など、あらゆるアイデンティティの「所有者」たちはアイデンティティが固定（安定）できない状況が繰り返されるため、一ヵ所に定着できない。家はどこにもなく流着を繰り返す。[12] 支配者から自分の存在を規定されるため、言語がなかったこの人々が自分を探す旅は最も長い時間がかかる「帰郷」であり、実際には完全な定着が不可能である。「もともと私たちの言語」がないだけでなく、追求する過程で人間は変わり続けるからだ。

## 4 女性の体と被害者政治性の政治

家父長制は人間の体に対する差別的な解釈から始まった。女性は男性の体を基準に分類された他者である。このとき、女性の存在性は常に体に還元される。男性の体との違いが女性のあり方になる。これがジェンダー二分法だ。ジェンダー二分法において女性的なものは、男性的なものを説明し、媒介し、引き立たせるための、男性的なものの否定的なカテゴリーである。そしてこの二分法は「両性平等」や「女性政策」の言説のように、まるで女性的なものが男性的なものと対立し、男性的なものを置き換えたり、代替可能なカテゴリーであるかのように認識させる。つまり、ジェンダー二分法は女性（性）のための空間がないという現実、すなわちカテゴリー自体の男性中心性を隠蔽する。

男性の価値は体に還元されず、彼らのアイデンティティは体の機能や状態ではなく社会で何をしているかによって構成される。しかし、女性にとって体は有限の資源であり、称賛されると同時に羞恥の資源と見なされる。男女のセクシュアリティがジェンダー化されているということは、事実上、男女の権力関係を前提とする。異性の体に対する経験が、性別によって違いが生じるべく、すなわち女性にとっては暴力として、男性にとっては快楽として認識されるようにするからだ。このように男性と女性の権力関係は、他の権力関係と違って性愛化されているため、「本能的なもの」と認識され、これまで政治的分析の対象にはなりえなかった。

家父長制社会において、女性は独自の個人ではなく、男性のセクシュアリティを実現するための対象や、国家、民族、家族といった男性中心の共同体を維持・継承するために使用される出産道具と見なされてきた。そのため、現在の性別構造の中で、女性の出産能力とセクシュアリティは女性自身のためのものではなく、女性抑圧の起源として作用する場合が多い。

このように、女性の体が女性の同質性の最小単位になるのは、身体構造が同じためではなく、性差別社会が女性の体に与える社会的評価のためだ。女性の従属は、家父長制が規定した男女の身体的性差（SEX）に基づく。したがって、女性の出産と性行為に対する男性の統制は、女性抑圧の原因であり、家父長制の核心的な枠組みである。したがってラディカル・フェミニストたちは、女性の体に対する統制は階級や人種による女性抑圧よりも根源的な抑圧の形式であると同時に、すべての社会的矛盾の最終原因だと考える。資本主義を分析するマルクス主義の主要概念が労働だとすれば、ラディカル・フェミニズムは家父長制を説明する基本カテゴリーをセクシュアリティだと考える。すなわち、一九七〇年代を風靡した西欧のラディカル・フェミニズム思想は、急進的というより抜本的だった。その後、本質主義という批判を受けはしたものの、ラディカル・フェミニズムを端折っては、女性の生を理解できないだろう。これらの人々の努力により男性が女性の体を統制・支配・搾取するという事実が証明され、性役割、異性愛、結婚制度、性／人身売買、性暴力、殺人の連続線が明らかになった。

しかしラディカル・フェミニズムは、女性間の体、階級、人種などの差異を白人女性の代表性によって普遍化しようとしたために失敗した。その後、フェミニズムはラディカル・フェミニズムが女性の体の共通性だと主張したこと、たとえば出産と性暴力について、それは女性の共通性ではないと主張し、この共通性を解体しようと努力してきた。

実際、現在の韓国社会の少子化はすでに出産が女性の共通性ではないことを証明している。出産は社会的・政治的な性役割であって、女性の体の機能ではない。社会通念に反して、女性全体の中で自然な不妊

（すなわち「正常」）は二〇％を超えている。一般に統計学において一つの集団の共通性が七〇％に達していない場合（出産しない女性まで合わせると七〇％に満たないだろう）、その要素は集団の共通性と見なされない。しかも、半陰陽（inter-sexual）の存在とこれらの人の人権運動は、両性の概念に亀裂を起こして久しい[13]。

被害者としてのアイデンティティは事実ではなく観念である。フェミニズムが「被害者として一つになること」であるなら、それも同じ女性の体を持っているからであるというなら、これは男性社会の法則にただ従う論理である。そして被害者は、男性社会が規定した女性の性役割の規範と化す。これまで女性たちが男性社会で受けてきた排除と包摂の規則を定める権力が再び女性に向けられるのだ。その時権力者は、自分が「最大の被害者」であることを主張する女性や（主に語ることのできない状況にいる）被害者を代弁する女性になる。

支配勢力が被支配勢力を被害者化（他者化）する行為は、支配方式そのものなので、今扱うテーマではない。ここでの争点は、被抑圧者が自ら被害者化する場合である。「被害」と「被害者」の間にある広大な海を渡ると、その次には「被害者」と「被害者化」の敵対が待っている。「被害者」と「被害者化」が敵対的な理由は、正反対の政治だからである。「被害者」は状況的かつ一時的な概念であるのに対して、「被害者化」は女性を本質的に男性権力の被害者と見なし、女性に対しそれにふさわしいイメージと役割を求める。また、「被害を受けた哀れな女性」は、女性のあり方を男性との関係だけに限定するやり方である。男性権力は、女性が被害状態にとどまることを望む。被害女性だけが男性を権力の主体にしてくれるからだ。

女性の被害者性を強調することは、女性主義に不利な戦略である。その点で、今なお一部のフェミニストが主張する「被害者中心主義」は、逆説的にも韓国社会がいかに男性加害者の社会であるのかを示している。被害者中心主義を主張するよりも、被害者化と被害者中心主義の関係、女性を被害者化する権力を問題にしなければならない。二〇一六年の「江南（カンナム）駅殺人事件」を追悼するために現場に貼られたポストイットには次のように書かれていた。「犯罪者として一般化するなって？　女性はすでに「被害者」として一般化されていた！」[14]。この内容は、女性の被害の現実と、女性を被害者化する男性権力とを正確に切り離している。

家父長制社会は、堂々とした女性、権力の分有を求める女性、自分を尊重する女性、男性の保護やネットワークに抵抗する女性よりも、「被害女性」を望む。これがまさにジェンダー社会で男性は成功を、女性は不幸を「競い合う」理由である。男性中心社会において女性は被害者であるときにだけ主体となる。女性は被害者アイデンティティに魅力と誘惑を感じる。「被害者らしさ」は家父長制が望む女性の重要な性役割である[15]。

もちろん、被害者化は女性にとって避けられない生存戦略だった。家父長制の社会で私を含む大半の女性は被害者性を資源としたり、その構造から自由ではない。女性が他者化、被害者化に同意しなかったら、これまで温存な生存ができただろうか。前世代の女性たち、特に「母たち」は娘たちに「賢明な女性になりなさい」と教えた。女性抑圧の現実を認識し、むやみに抵抗するなという意味だろう。これは基本的に二重のメッセージであるが、「母」の立場から解釈すると抵抗より適応を強調する「知恵と切実な愛」の教えだった。これが母たちが考える「娘たち」の生きる道だった。このように女性自身を被害者化する現象は、今に始まったことではない。フェミニストを含め、ほとんどすべての女性が自分の年齢、外見、被害者性を資源としている。

しかし被害者性を中心に据えたフェミニズムは、他者との連帯を不可能にする。このような考え方は「人間の苦痛の総量」が定められていると見て、他人が自分の苦痛を奪っていくと考える。男性は「権利」を、女性は「苦痛」を奪われると考えるのである。このとき社会的弱者に与えられた「選択」は二つである。他者と連帯するのか、さもなければ支配勢力が望む被害者になるのか。問題は、新自由主義時代にこの選択が非常に特別な意味を帯びるようになったという点だ。

## 5 新自由主義時代の自我とフェミニズム

新自由主義時代のグローバル資本主義は、ジェンダーの法則を根本的に揺るがすきっかけとなった。富の偏在と二極化は既存のジェンダーの差よりも地域と地域、男性と男性、女性と女性の階級の差をさらに広げた。階級格差の極端化は多くのフェミニストに「Read, Marx Again!」(マルクス主義読み直し運動)を叫ばせた。韓国の若い女性たちは高失業、超人的な競争、変化しない家父長制社会に対する抵抗として出産拒否を選択した。女性は男性の変化が不可能であることに気づいた。韓国男性は女性と資本の変化を前に状況を摑めず、この二つに対する不安としてミソジニー（misogyny：女性嫌悪）という最悪の反社会性を表出している。

今日の地球の現実は、韓国社会において「新自由主義」と呼んでいる概念だけでは説明しがたい。グローバルシティの連結網が国家の境界になり代わっている。[16]資本主義の急激な変速と領域の無限拡張によって、個人は国境を越えて多様な位置を持つようになった。国民、グローバルマーケットの消費者、女性、男性、移民、失業者、難民、自発的失踪者[17]として、人生が交差する境遇に置かれるようになった。いつ、いかなる状況に置かれるかわからない流動性、不安、予測不可能性が「人生になった」。

資本主義システムの変化は、これに適応するための個人の主体性を再構成する。第二次世界大戦後の、マルクス主義者の資本主義認識を概略的に見てみよう。一九六〇年代半ば、ほとんどの被植民地国家が帝国主義支配から独立したが、これは主権だけの独立であり、実際には二国間の経済的・文化的従属関係が維持され続けた。資本主義のグローバル化のためだ。イマニュエル・ウォーラーステインは自身の世界システム論で、もはや国家は経済分析単位になりえず、世界経済は一つの社会と化し、中心部と周辺部が非対称的関係に置かれていると主張している。

その後、アントニオ・ネグリとマイケル・ハートは『〈帝国〉』において、社会主義ブロックの解体を起点として資本主義が地球を完全に掌握したと考えた。『〈帝国〉』において主に論じられたのは、グローバル資本主義における国家の役割だった。国家がグローバル資本をどれだけ「防御」または「制御」できるかについて、ネグリとハートは懐疑的だった。アガンベンの『ホモ・サケル』はほとんど黙示録に近い（彼はマルクス主義者で神学者だ）。『ホモ・サケル』は、これまでは権力を生産する諸境界が民衆を抑圧していたが、現在ではそもそもその境界が任意に作動したり消えたりして「常態化する非常事態」になったと説明する。

もちろん日常が非常事態の常態化である女性の立場からすれば、これは何の新しさもない認識であり[18]、ベンヤミンの第八のテーゼはすでに正典になって久しい[19]。しかし、主権と領土の不一致といった権力の任意性が、世界各地で日常的に起こっているという事実は注目する必要がある。アガンベンが強調したように、キューバの領土だが米国が使用しているグアンタナモ基地は意味深長な象徴だ。安全な場所はない。

フランコ・ベラルディ（ビフォ）[20]やジグムント・バウマン[21]のような人たちは、後期資本主義とメンタルヘルスの関係、自殺と鬱、そして不安の政治経済学、金融資本主義と平等の没落に焦点を当てる。韓国と日本の状況を見てみよう。資本は無限の競争に耐えられないほとんどの人が「バイト」と「フリーター」で生きていけるように、ダイソーのような一〇〇円ショップを提供し、代わりにオンラインで自尊心を回復できるよう「配慮」している。大多数の民衆は資本に時間と費用を捧げながらスマートフォンに熱中する。「将来、誰もが一五分あれば世界的有名人になるだろう」というアンディ・ウォーホルの予言は的中した。今日、スマートフォンやSNSは、資本主義的絶対主義に抵抗できないようにする資本の緩衝装置の役割を果たしている。「私たち」は暴動を起こさせない装置に自ら出費しているのだ。

韓国社会の進歩陣営を含むオピニオンリーダーたちは、巨大資本なしにはできない「科学技術革命国家」「IT強国」という亜流帝国主義の自負心に満ちている。韓国社会は科学技術と資本と民主主義の関係を問題視しない。それが「第四次革命」よりも根本的な問題なのに、である。韓国人たちは携帯電話を住民登録証の代わりに使える現象に無感覚だ。現在、韓国社会においてメンバーシップを発給する主体は、国家ではなく通信会社だ。国家が無料で提供していた住民登録証を、今では一ヵ月に少なくとも三万ウォン（約三〇〇〇円）、多くは一〇万ウォン（約一万円）を通信会社に支払うことで、携帯電話の認証番号が代わりになっているのに、である。

フランコ・ベラルディは、新自由主義を「記号（semio）資本主義」あるいは「資本主義的絶対主義（capitalistabsolutism）」と命名することを提案する。「絶対（absolute）」という単語はラテン語「ab-solutus」に由来するが、これは限界に縛られないことを意味する。資本主義的な絶対主義は、規制がなく無条件的であり、憲法を含むいかなる法条項にも拘束されないという意味である。つまり、あらゆるものから「自由な」資本主義である。

記号資本主義の特徴は、既存の産業資本主義と比べると鮮明になる。産業資本主義時代、利益の創出は労働、時間、価値の秩序が一貫した状態で可能だった。金融流通資本主義時代には、労働ではなくお金の循環がお金を儲ける。流通ラインの独占は、生産と消費の常識的な構造を崩壊させた。大型流通業者の「家計応援フライドチキン」「太っ腹フライドチキン」〔安い割に量の多い商品〕の価格が可能な理由だ。メディアを通じたイメージ産業を追求する記号資本主義も同様である。「具体的な生産物」がなくてもお金を稼ぐことができる。労働時間と利益は無関係になった。つまり、物事の秩序が変わったのだ。有名であることはそれだけでお金になる。ツイッターのフォロワー数は、非物質的だが権力だ。非物質的な領域が拡大するにしたがって、価値測定はさらに難しくなった。

公正や正義が崩れた世の中で、もはや人々は権威の必要性や正当性の有無とは無関係に、いかなる権威も認めていない。すべての成就は便法であると考えている。正義としての平等（fairness）、甚だしくは常識としての平等さえなくなった反面、誰もがみな同じである（sameness）という平等の概念が、私たちの自尊心を「下向き平準化」して、守ってくれている。

韓国社会における資本主義的絶対主義は「甲／乙〔非対称的な権力の上下関係〕」「パワハラ」「金のスプーン／土のスプーン〔親の資産と所得によって子どもの階層が分類されること〕」「自己啓発」「自己責任」「嫌悪」「無限競争」「ヒーリング」などの言説に代表される。家族、社会、国家が個人を保護できず、国家の統治方式は抑圧や保護ではなく放置に変化して久しい。支配勢力は自国民より外部の資本と連帯している。少子化による人口減少で統治勢力は悲鳴を上げ、高失業状況は限界のない競争を生んでいる。

このような資本主義の変化の中で、自我概念とフェミニズムはどのような関係にあるのか。近代になって人類は神、自然と決別し、人間として個人化、個別化を宣言した。このような近代化は帝国主義の侵略とともに全世界に広がったが、女性と「非西欧人」が近代を経験する仕方は白人男性と異なった。白人男性の個人化は独立と自律の証とされる一方、女性の個人化は利己主義を意味した。リベラル・フェミニズムはこの問題に取り組んだ。その際の目標は、教育と経済的自立という「機会の平等」だった。リベラル・フェミニズムにおいて個人の概念は、だからこそ重要である。たとえ平等の基準は男性であったとしても、女性がいつでも代替可能な性役割を果たす労働者の代わりに、個人的特性を持つ人間になれるという意味だったからだ。しかし、家父長制は性差別と普遍的人権概念の間の矛盾を、私的領域を発明することで解決した。女性は依然として個人になれず、この失敗は「フェミニズムは女性が男性と同じになることなのか」という、差異と平等の論争を巻き起こした。

平等言説の危機は、平等を主張したフェミニズムの危機でもあった。これに対し、ケアの倫理（care ethics）を主張するフェミニズムの理論家たちは、自律性を根幹とする近代的自我基準を変化させることを提案した。フェミニズムのスローガンは「平等から責任へ」「独立した自我から関係的自律へ」「（母との）分離から連結へ」へと変化し始めた。これは個人を統治単位とする新自由主義に対する抵抗でありオルタナティブだった。

しかし、資本主義のありようの変化は個人の選択を極度に制限した。自己解放、自己実現、自己訓育、自己啓発、自分の意志が資本主義的絶対主義の前では何の役にも立たず、むしろ構造を強固にすることを知った人々は、自己責任の道を模索し始めた。つまり各自が自分の人生を自ら企画し、練り、試みるという生存法則は、ごく少数の勝者から自発的敗者までの連続線を成す。誰もが自己責任の影響力から自由ではなくなった。

このような状況にあって、オンラインは自己責任と自己陶酔が結合する場という意味で重要である。オンライン上で日常の大半を送る人々は、従来とは異なる意味の領土を構築する。これらの人にとってオンラインはもはや仮想の世界ではなく、もう一つの「リアルな」領土だ。ここでは従来の言語ではなく、機器の刺激そのものが言語になる。

ワンパーソン・メディア時代の自己陶酔的自我は、自分のイメージを自分で生産できるようになった。私が作った世界で私と私が出会う新しい倒錯の時代が渡来したのだ。ツイッターが遠心的方式で瞬時に起きる私の拡張なら、フェイスブックは求心的方式で私に集中する構造だ。両メディアの共通点は、ニュースであれ、ファクトであれ、主張であれ、言説を生産する「自分」は普遍者として世界の中心になることができるという事実である。現実に振り回されていた力なき個人は、今や自分が作った現実がまさにその場で顕現する状況に熱狂せざるをえなくなった。

もちろん、その中に「真の自我」はない。文学評論家のイ・ミョンウォンは次のように指摘する。「(SNSでは)自我表現が直接的かつ露骨化しがちで、表現されている言語がユーザーの実際の声と見なされる傾向が強いということだ。文学作品では「詩的自我」「叙述者=話者」「登場人物」というように間接化されている「フィクション的自我」概念が、ＳＮＳには不在だ。または不在と見なされる。そのため、プラットフォーム内部の言語を人格化された主体の肉声と誤認する傾向がより強く、それによって激しく快／不快を招く[22]」。これは「フィクション的自我」の概念がないために、「最もフィクション的でありうる」ＳＮＳでの自我概念は省察されにくいという意味だ。

オフライン世界の社会的位置と関係なく誰もが享受できるリアルな感覚は、オンラインがこれまで人類が生産した媒体の中で最も確実な身体の拡張であり、自我を高揚させる身体の一部であるということを教えてくれる。バウマンの指摘通り、ＩＴ技術が神に代わっている。

世の中を見る窓がただ「自分」であるとき、自分がファクトを生産する主体であるとき、共感と連帯の可能性は小さくなる。新自由主義社会において生は、一種の「私」同士が押しのけ合う生に変化した。街で他人とぶつかったとき、他人を意識してよける人がいる一方で、意図的にあるいは身についた自然さで他人を押しのけて通る人たちがいる。このとき、他人を押すことができるためには、健康な（正常な）身体であるということが条件となる。既存のフェミニズム倫理が、通り過ぎる人に配慮したり、倒れた人を助けたりするものだとすれば、新自由主義社会においてフェミニズムは押しのける主体になるのである。

自己責任、自己陶酔、自己操作の結合。このとき、女性が新自由主義的主体になるということは何を意味するのか。フェミニズムは、従来の自由と平等、前近代的秩序からの脱出という自由主義的理想と異なり、成功という新自由主義的概念と結合している。特に大都市中産層の高学歴女性の立場からすれば、男性はもはや、同じようにならなければならない存在ではない。自分が男性より「人格と能力の面ですべて優越しているとき」、平等の概念は必要ない。もちろん、これは個人レベルでのみ可能な状況であり、構造的性差別は依然として確固としている。ところが、男性たちは個人的には無能力ながらも集団のメンバーとしての自我を前面に出し、性差別を持続させようとする。

性別カテゴリーの拘束の代わりに個人として自己責任の道を探ろうとする女性たちにとって、他人の視線（家父長制の規範）はもはや怒りを感じさせられるものではなく、無視したりあざ笑ったりしてもいい対象になった。これは、韓国社会のジェンダー権力関係が変化したというよりも、性差別に対する女性の対応の仕方が変わったことを意味する。個人がすべてのことを乗り越えていかなければならない新自由主義社会において、自分の意味を確認することは他人との関係ではなく、自分との関係を通じて行われる。このとき、一部の女性たちには、自分だけのためのフェミニズムが一時的に必要となる。生存の個人化が強く進んでいる資本主義的絶対主義社会において女性たちを動かす力は、「社会正義としてのフェミニズム」というよりも、各自の状況の中で自分の利益になりうるかどうか、すなわち「利益集団としてのフェミニズム」の性格を強く帯びるようになるからである。

## 6 ジェンダーは女性ではなく、希望の反対は絶望ではない

要約すれば次の通りである。そもそも女性を個人から排除することで出発した近代自由主義が新自由主義体制へと変貌し、いまや個人として女性を呼び出している。そして一部の女性はこれに対する応答をフェミニズムだと考えている。生存のために個人のすべてを動員せよという命令の中で、これらの人は「被害者カード」を切り出した。被害も資源になる世の中で、女性の被害者化は男性社会も女性も「歓呼」できる資源である。弱者は社会が自分を他者化することにも憤りを感じるが、自らを他者化するときに得られる利益があることを知ってもいる。特定の条件では後者の場合が個人的にはより大きな利益をもたらす。さらに現在、韓国社会全般の弱者を嫌悪する文化や言語のインフレーション[23]、刺激的な言説は「成功した被害者」を作り出している。

資本主義的絶対主義、新自由主義はフェミニズムを飲み込んでしまったのだろうか。明らかなのは、現在、フェミニズムの一部に見られる大衆化の仕方では、絶対に女性の地位向上にはつながらないという事実である。これらの人が前提とする「ジェンダー＝女性」は観念だ。ジェンダーだけで作動する女性の抑

圧はない。ジェンダーは社会構造そのものであり、社会問題の基本分析単位であり、認識論である。ジェンダーの歴史は横断的な政治であり、最初からジェンダーはそれ自体として複合的だった。家父長制社会だからといって、すべての女性が同じやり方で抑圧を受けるわけでもなく、同じやり方で被害者になるわけでもない。家父長制もフェミニズムもすべて完璧に作動することはない。

私は「新自由主義時代のフェミニズムの進むべき道」のようなものはないと思う。一人の人間が答えを提示できる問題でもない。ただし、私は現在の状況に向き合うべきだと考える。希望は安住しない生から生まれる。自己満足は希望ではなく無駄な望みだ。希望は絶望的な状況でのみ実現可能だ。最後まで行く、底打ちの、もう後戻りのできない地点から始めること。これは、絶望だけが持つ可能性だ。根拠のない希望より生産的な絶望が必要なのである。

（1）声優解雇当時のメガリアの活動の意味に関しては以下を参考のこと。チョン・ヒジン「メガリアはイルベに組織的に対応した唯一の当事者」『ハンギョレ』二〇一六年七月三〇日（「イルベ」は、韓国の極右性向のインターネットコミュニティ「日刊ベスト貯蔵所」の略）。

（2）別名「ターフ（TERF, Trans-Exclusionary Radical Feminism）」と呼ばれる。直訳とすると、トランスジェンダーの女性（特に男性から女性への）を排除したフェミニズムだ。もちろん、韓国社会において性的マイノリティを嫌悪する勢力はターフらに限らない。ターフらは「ウーマッド」と自称されたり他称したりするが、「ウーマッド」と関係のない女性たちもいる。本文では特定勢力を指すというより、ジェンダー問題において「女性優先」という一貫した傾向を帯びた人々を指す。

（3）エルネスト・ラクラウ、シャンタル・ムフ『社会変革とヘゲモニー』キム・ソンギ他訳、ト、一九九〇年〔ラクラウ、ムフ『民主主義の革命』西永亮訳、筑摩書房、二〇一二年〕。後期マルクス主義者でフェミニストであるシャンタル・ムフは、フェミニズムが両性構図のジェンダーにとどまってはならず（あるいは不可能であり）、他の社会的弱者たちと文脈による連帯（一種の「統一戦線」）を強調する論文を発表し、フェミニズム理論の転換点を設けた。

（4）ゲルダ・ラーナー『家父長制の創造』カン・セヨン訳、タンデ、二〇〇四年〔ゲルダ・ラーナー『男性支配の起源と歴史』奥田暁子訳、三一書房、一九九六年〕。

（5）クォンキム・ヒョンヨン「質問せずには生きていけない」クォンキム・ヒョンヨン他『フェミニスト・モーメント』グリンビ、二〇一七年、四〇頁。

（6）Deborah E Lipstadt, *Denying the Holocaust: The Growing Assault on Truth and Memory*, New York: Free Press, 1993. この本は二〇一六年に『Denial: Holocaust History on Trial』（Harper Collins Publishers 刊）として再刊され、ミック・ジャクソン監督の『否定と肯定』として映画化された。

（7）リア・ペイーベルクイスト、チョン・ヒジン他六二名『フェミニストユートピア』キム・ジソン訳、ヒューマニスト、二〇一七年、一五五頁〔Alexandra Brodsky, Rachel Kauder Nalebuff, The *Feminist Utopia Project: Fifty-Seven Visions of a Wildly Better Future*, The Feminist Press at CUNY, 2015. 韓国語版は同書に七名の韓国のフェミニストの文章が追加されている〕。

（8）社会主義の没落の原因の一つは、社会主義革命家たちが民族主義の影響力を看過したためだ。おそらく、多くの人々が、旧ソ連がこれほどまで多くの異質な民族（宗教、言語）で構成されていたとは考えてもいなかっただろう。冷戦以後、今日の戦争の様相が国家間の紛争より局地戦がはるかに多い理由も、国家内部の民族、種族間の葛藤のためだ。

(9) Susan Bickford, "Anti-Anti-Identity Politics: Feminism, Democracy, and the Complexities of Citizenship", Anne C. Herrmann & Abigail J. Stewart, *Theorizing Feminism: Parallel Trends in the Humanities and Social Sciences* (2nd edition), Westview Press, 2000, p. 58.

(10) Wendy Brown, *States of Injury: Power and Freedom in Late Modernity*, Princeton University Press, 1995, p. 74.

(11) ニラ・ユヴァル-デイヴィス『ジェンダーと民族――アイデンティティの政治から横断の政治へ』パク・ヘラン訳、グリンビ、二〇一二年〔Nira Yuval-Davis, *Gender and Nation*, SAGE Publications, 1997〕。

(12) 冨山一郎『流着の思想――「沖縄問題」の系譜学』インパクト出版社、二〇一三年。

(13) チョン・ヒジン編『両性平等に反対する』教養人、二〇一七年。

(14) 京郷新聞社会部事件チーム、チョン・ヒジン解題『江南駅一〇番出口、一〇〇四個のポストイット』ナムヨンピル、二〇一六年、三八頁。

(15) チョン・ヒジン『フェミニズムの挑戦　改訂増補版』教養人、二〇一三年、一四五頁。

(16) サスキア・サッセン『経済の世界化と都市の危機』ナム・ギボム、ユ・ファンジョン、ホン・インオク訳、プルンギル、一九九八年〔Saskia Sassen, *Cities in a World Economy*, Pine Forge Press, 1994〕。

(17) 日本では毎年一〇万人を超える人々が「自ら失踪」している。これらの人は人生を諦めたり、身分をロンダリングして既存の人生を「リセット」する。詳細については以下を参考。レナ・モジェ著、ステファーヌ・レマエール写真『人間蒸発――消えた日本人を探して』イ・ジュヨン訳、チェクセサン、二〇一七年〔Léna Mauger, Stéphane Remael, *Les évaporés du Japon :enquête sur le phénomène des disparitions volontaires*, Les Arènes,

2014〕。

（18）Judith Butler, Gayatri Chakravorty Spivak, *Who Sings the Nation-State?: Language, Politics, Belonging*, Seagull Books, 2007〔ジュディス・バトラー、ガヤトリ・C・スピヴァク『国家を歌うのは誰か?――グローバル・ステイトにおける言語・政治・帰属』岩波書店、二〇〇八年〕。

（19）ヴァルター・ベンヤミン「歴史哲学テーゼ」『ヴァルター・ベンヤミンの文芸理論』パン・ソンワン訳、民音社、一九八三年。広く知られているとおり、ベンヤミンは一九四〇年、彼が自殺した年の「歴史哲学テーゼ」八番目の断章でこのように書いた。「抑圧された者たちの伝統は、私たちが生きている〈非常事態〉が実は通常の状態なのだと、私たちに教えている。この教えに適った歴史の概念を、私たちは手に入れなければならない。それを手にしたときにこそ、私たちの課題として、真の非常事態を出現させるということが、私たちの念頭にありありと浮かんでいるだろう。」〔ベンヤミン「歴史の概念について」『ベンヤミン・コレクション』第一巻、浅井健次郎・久保哲司訳、ちくま学芸文庫、一九九五年、六五二頁〕。

（20）Franco 'Bifo' Berardi, *Heroes: Mass Murder and Suicide*, Verso, 2015〔フランコ・ベラルディ（ビフォ）『大量殺人の〝ダークヒーロー〟――なぜ若者は、銃乱射や自爆テロに走るのか?』杉村昌昭訳、作品社、二〇一七年〕。こうした現象を政治的、美学的によく見せてくれる映画に、岩井俊二監督の『リリイ・シュシュのすべて』（二〇〇一年）とホン・ソクチェ監督の『ソーシャルフォビア』（二〇一四年）がある。

（21）ジグムント・バウマン、レオニダス・ドンスキス『道徳的不感症――流動的世界で私たちが失ったあまりにも大切な感受性について』チェ・ホヨン訳、本を読む水曜日、二〇一五年、一九二頁〔Zygmunt Bauman, Leonidas Donskis, *Moral blindness : the loss of sensitivity in liquid modernity*, Polity, 2013〕。

（22）イ・ミョンウォン「「フィクション的自我」の効用」『ハンギョレ』二〇一八年一月一九日。

(23) たとえば、「違い」から「反対」へと、「反対」から「敵対」へと、「敵対」から「嫌悪」へと、「嫌悪」から「極嫌」へと変わることだ。

# 解題　本書をいかに「使う」か

## #MeToo 以降を考えるための熾烈なる思考(1)

影本　剛

本解題の目的は本書の理解を補助する諸論点の解説を通して、本書が韓国フェミニズムのなかに持つ位置を大雑把ながらに確認することだ。日本語訳されたものも含めて韓国フェミニズムに関する類書と本書の影響関係を描くことで、本書の外部、あるいは日本語で本書を読む人々が生きる諸現場と本書を接合させることができるよう、韓国のフェミニズムの諸様態を立体的にとらえたい。そのためには韓国フェミニズム運動と研究を単に「すごい」「進んでいる」ととらえるような没分析的な視点よりも、何を課題とし悩んでいるのかを参照することが緊要である。

本書は「トランス叢書」第三巻として二〇一八年に刊行された。トランス叢書は一九九〇年代から精力的にフェミニズム運動および研究を切り開いてきた論者たちによる論文集で、二〇二二年八月時点で四冊刊行されている。第一巻は『両性平等に反対する』（二〇一七年）である。「両性平等」は、いっけん何の問題もないように思える言葉かもしれないが、韓国においては「性平等」と「両性平等」では全く異なる含意を持つ。「両性平等」が含意するものは「性は二つだけ」という主張である。たとえば韓国の保守派は「家族解体フェミニズムに反対するためのスローガン」として「両性平等Yes、性平等No、ジェンダーOut」を用いており、[2]これが韓国語における「両性平等」概念の現実である。トランス叢書第二巻は『韓国男性を分析する』(二〇一七年)であり、『男性性とジェンダー』(二〇一一年)という論文集を大幅に改訂したものである。そして叢書第三巻が本書、第四巻が二〇二一年に大月書店から日本語訳が刊行された『#MeToo の政治学』である。

叢書の筆者らの問題意識は、二〇一六年の江南(カンナム)駅女性殺人事件以降に韓国社会で盛り上がったフェミニズムを、歴史的に、そして社会的な底部から問い直すことだ。一例を挙げれば本書第5章の筆者チョン・ヒジンは、日本語訳が刊行されている『韓国女性人権運動史』(明石書店、二〇〇四年)の編者でもある。筆者らは韓国で「ほとんどのメディアから女性欄自体が消えた時期」[3]である二〇〇九年から一五年にかけての時期を含め、こつこつとフェミニズムとクィアの言葉をつないできた研究者=活動家たちである。決して江南駅女性殺人事件を歴史から分離して論じることはないのだ。その意味で『レディー・クレジット』(現実文化、二〇二〇年)の著者であるキム・ジュヒの「女性と関連する社会現象に、ひときわ「最初」、「新種」のような早急な診断を使用することは、フェミニズムの知識と実践を歴史の外に置こうとする、つまりジェンダーは脱歴史的だという認識を強化するのみだ」[4]という指摘は、本書にも通底する。

江南駅女性殺人事件や #MeToo 以降のフェミニズム運動の盛り上がりを突発的出来事としてとらえるの

ではなく、「フェミニズム・リブート」における「Re＝再び」の意味をとらえるためには、つまり歴史的・社会的状況から現在を見るためには、「革命的瞬間」と同じくらい重要な「その出来事が触発した変化の契機を日常の変化につなげる粘り強い奮闘」[5]に注目せねばらなない。#MeToo を日常とつなげ、なおかつ持続可能な運動にしていくということは、すでに韓国フェミニズム運動の歴史において、何度も繰り返し試みられたことを学ぶことだ。学ぶことを通して新たに意味づけをしていくことだ。蓄積されてきたフェミニズム運動経験から十分に学び直し、再文脈化し、嫌悪とネオリベラリズムが敷き詰められた現在（これは日本においても同様である）における批判の武器へと研ぎなおすことが本書の試みであると言える。

## 被害者中心主義と二次加害

被害者中心主義と二次加害という言説を批判的に検討するクォンキム・ヒョンヨンは、「加害者側に合理化の武器を握られるかもしれないという懸念」（第1章、四〇頁）ゆえに、これを書いていいのかと本文でためらいを見せる。しかし女性を被害者の役割に固定する社会を批判するために書かねばならないと言う。まずクォンキム・ヒョンヨンによる別論考を参照し、本書読解の補助線を引きたい。

女性をすべて潜在的被害者と考えるならば、潜在的に危険になりうる（主に外部的で異質的な）ものから保護しようという論理がフェミニズムの言語のように用いられ、女性たちが互いに取り締まり合いながら被害者にならないように監督し、危険な女性と資格を備え持たない女性を非難する文化が作られもする。危険から安全である権利を主張する「潜在的」被害者主義は、危険地帯で生きるしかない、またはときには危険を自ら受け入れて規範という名で行われる暴力に抵抗しようとする女性の生を他者化したり不可視化する。これはフェミニストの誰もが望まない流れであろう。

再度強調すると、フェミニズムは女性を被害者としてのみ考えるという、まさにその考え方と闘ってきた。フェミニズムは被害者を同等な社会構成員として尊重しようとするのであって、被害者の言葉が無条件的に正しいとは言わない。「あなたが悪いのではない」という言葉は被害者を不当に非難することを防ぐために必要なのであって、女性がいかなることも真に決定できないだとか、矛盾と混乱を経験し自分の生を作り出す過程の中の主体だという点を否認しようということではない。(6)

法廷では女性を被害者の位置に固定することが戦略になりうるが、あくまでもフェミニズムの政治はそのような司法的言語で語るものとは異なり、社会を問うことにある。本文にあるように法廷ではレイプ犯罪は扱うがレイプ文化は処罰できない。レイプ文化とは「男性に性的攻撃性を奨励し、女性に対する暴力を支持し、性的暴力を正常なことだと思わせる一連の信念」(第1章、六五頁)であり、「レイプをレイプではないものにする装置」(7)である。レイプとともにレイプ文化を問う方法がダナ・ハラウェイを参照して述べる「状況に置かれた（situated）知」である。「被害者中心主義」と「二次加害」の言説は、当初性暴力を「どのように」と問うやり方であったが、次第に「誰」「何」を問う被害者－加害者の個人間問題を問うやり方に陥ってしまったのだ。つまりレイプ文化を再生産する社会への問いに蓋をしてしまう言説になってしまったのだ。「二次加害の概念はその用語が部分的に使い勝手がいいとは言え、暴力をめぐる権力の問題の代わりに加害者を特定したり被害者の主観的判断に解釈を委任し、性暴力を「社会的問題」から遠ざける根本的限界を持つ(8)」。

韓国では、一九九四年の性暴力特別法と九五年の刑法一部改正によってレイプは家父長制家族制度における女性のセクシャリティに対する保護者男性の権利から、個人の性的権利に対する侵害と理解されるようになった。とは言え、文化はなかなか変わらなかった。「暴行や脅迫が伴ってこそ強制性を認めるというレイプの最狭義説を今なお守る法廷において、被害者は自らの被害経験を法廷の言語に合わせ、受動性を最大値へと、遂行性を最小値へと再調整した。ここで再び被害者中心主義という原則が拡張され、これに対する反動効果として被害者化という新しい問題が浮上した(9)」。現在、法廷では「最狭義説」から距離をとりつつあるとは言え、存在し続ける問いだ。

では、このような言説状況はいかに形成されたのか。そこで言及されるのが「被害者中心主義」や「二次加害」の言葉を用いて性暴力を社会内の問題として提出した「一〇〇人委員会」（以下「一〇〇人委」）の経験である。一〇〇人委が何であるかについては、本書でも言及されるチョン・ヒギョンによる文章から引用しておこう。

一〇〇人委員会は二〇〇〇年六月二〇日に開催された「いまこそ語ろう！　運動社会性暴力」討論会を契機に二〇〇〇年七月に結成された。討論会は運動社会の家父長制と性暴力隠ぺい構造に対する問題意識をともにしていた六つの団体（同性愛者人権連帯、ソウル女性労働組合、生きがいある世の中、運動社会内家父長制と権威主義撤廃のための女性活動家の集い、学内性暴力根絶と女性権確保のための女性連帯会議、平和人権連帯）の主催で開かれ、その場に集まった八〇人あまりの女性活動家たちのうち一部が主軸になって新しく会員を募集し、加害者実名公開運動のために個人間ネットワーク組織である「一〇〇人委」を結成した。「一〇〇人委」は二〇〇〇年一二月一一日、第一次公開として、一六名の加害者とかれらが犯した性暴力事例を、「進歩ネット」ホームページにある一〇〇人委コミュニティに実名で公開した。(10)

一〇〇人委が行ったのは運動社会内部の性暴力に対する実名告発であった。そして運動内部の男性たちから陰謀論をはじめとするありとあらゆるバックラッシュが起こった（陰謀論は「告発者の背後には別勢力がある」という、「告発者の背後勢力の男」対「被告発者の男」という男対男の敵対構図を作り出した）。そのような告発を対処する方法を持ちえなかった社会運動内部で、混乱処理を短縮するためのマニュアルが求められた。一〇〇人委が用いた「被害者中心主義」は加害者中心主義が蔓延している状況に対応するための、まさしく「状況に置かれた知」であった。一〇〇人委が提示したマニュアルを明文化した社会団体も生じたが、しかしそこではあたかも苦情処理のように、機械化した性暴力事件処理方法が作り出されていった。

〔マニュアルは、〕血と汗にまみれた努力が骨抜きになるほど、あまりにも簡単に省察の責務を免除するアリバイとして使用され、捨てられもした。……マニュアル化した知識の前で人々はいくつかの単語を覚えたのち、ほっとした気持ちで思考を中断するからだ。愛と暴力の境界があいまいで「正常的」性関係と「問題的」性関係が連続線のうえにある社会において、混乱は必然であり省略しえない〔はずであるにもかかわらず、だ〕[11]。

マニュアルは事件解決を単なる手続きにしてしまい、社会や組織の中でのレイプ文化そのものを問う契機が失われていった。状況に置かれた知を通してレイプ文化そのものを問う運動の言葉（「被害者中心主義」など）は、徐々にその社会規範を変化させる試みからどんどん外れていってしまったのだ。「結局、変わったのは社会ではなく、問題解決の方法だった」（第1章、六八頁）。これは被害や苦痛をアイデンティティの根拠にしてしまうフェミニズムに対する歴史的・社会的文脈からの批判的介入である。その点ですべての女性はレイプの潜在的被害者だというキャサリン・マッキノンの議論が否定的に言及される（第1

章、五九頁)。フェミニズム運動は被害経験に意識高揚の燃料を求めるのではなく、被害と加害という位置が与えられる方法そのものに関心を持つべきであるにもかかわらず、徐々に被害者主義、本質主義になってしまっているのではないか、それでは解放の展望を見失うのではないか、という問題提起である。被害者でなければ何も聞いてもらえないならば、被害者になる競争が生じてしまうのだ。

一〇〇人委の運動以降、韓国の社会運動内部で導入されたマニュアル化した被害者中心主義と二次加害の言説こそ、韓国フェミニズム運動が闘ってきたものだ。では二〇一〇年代中盤の「フェミニズム・リブート」以降、その闘いはどのように展開しているのか。

二〇〇〇年中盤から二〇一五年までの反性暴力運動は、性暴力を個人の問題として扱い(物語化)、被害者を保護するという名目で社会から隠し(隠ぺいと縮小)、加害者厳罰主義に基づく怪物化(分離)など、一種の官僚化された問題解決方法との闘いでもあった。ハッシュタグ性暴力公論化と#MeToo運動は、この問題を解決できる条件(SNS)の中で個人ではなく集団として、被害者の直接行動を通して語ったがゆえに、性暴力反対運動の古くからの膠着を突破できたのだ。[11]

そのような一つの事例が文壇内の性暴力告発運動であった。SNSの速度によって多方向からのあらゆる攻撃を受けつつ、被害者支援のための『参考文献なし』という書籍を刊行するに至るまでの稀有なルポが、第2章である。

## 文壇権力を問う

本書第2章「文壇内性暴力、連帯を考え直す」は五名の著者による共同執筆の論考である。まず時系列的な経緯を記せば、二〇一六年一〇月二二日、高陽芸術高校文芸創作科卒業生である五人の告発者「告発者5」（のちに一人が合流して告発者は六人になる）によって「#文壇_内_性暴力」というハッシュタグをつけた告発運動がSNSで起こる。加害者である詩人の本を出版していた文学と知性社は社告で謝罪文を告示し、書籍出庫を停止した。一一月には文壇内性暴力に反対する作家行動であり連帯の名前であるフェミライター（Femiwriters）が発足し、「文学出版界性暴力・位階〔ヒエラルキー・上下関係〕暴力再発を防ぐための作家誓約」運動が始まる。またフェミライターは文学出版界における性暴力・位階暴力被害証言のアーカイビングを行った。これは性暴力を加害者と被害者個人間の問題としてではなく「文壇」が持つ権力効果の状況において生じる構造的問題として扱うためである。つまり単に文学の世界とは断絶した法廷で、被害者と加害者が個人として法的に争うのではなく、性暴力・位階暴力を再生産する「文壇内」という社会を問う動きであったわけだ。いくつかの文学雑誌は文学出版界の性暴力に反対する文章に誌面を提供した。一一月一一日には本書にあるように高陽芸術高校卒業生一〇七人によるグループである「脱線」が、高陽芸術高校における性暴力告発を支持する記者会見を行う。「脱線」とは加害者である詩人が「文学のためには脱線せねばならない」と生徒らに語っていた言葉を、不当な権力に抵抗する言葉として奪還したものである。[13] 二〇一七年二月二〇日に文壇内性暴力被害告発者たちの声を支持する基金を準備する「参考文献なし」プロジェクトが始まり、二三二一人がプロジェクトを支援した。第2章第3節に書かれているように、フェミライターの動きが文壇の環境改善運動であったならば、「参考文献なし」準備チームによる動きは具体的な被害者と連帯をして直ちに必要な支援をするものだった。五月に『参考文献なし』が出版された。その過程においては「参考文献なし」準備チームの一員が性暴力加害者だとSNSで指弾される事態も発生したが、出版プロジェクトをなしとげた。

　第2章で書かれた動きは二〇一六年秋から二〇一七年春にかけての一年にもならない間に起こった出来事である。この時期は朴槿恵（パククネ）退陣運動が盛り上がった「ろうそく革命」の時期であり、朴槿恵に対する不正疑惑は文壇内性暴力・位階暴力加害者に対する暴露に対する社会的注目を低下させもした。

　なお本書刊行後の経過を記しておきたい。二〇一七年九月一二日、高陽芸術高校で性暴力・位階暴力をふるった加害者は第一審で実刑宣告された（懲役八年、二〇〇時間の性暴力治療プログラム履修命令）。『#MeToo の政治学』で印象的に描かれた安熙正（アンヒジョン）（随行秘書に対する性暴力で起訴され有罪が確定した前忠清南道知事）が法廷で繰り返した空咳のように、加害者は法廷で繰り返しため息をついたと言う。加害者はただちに控訴したが高裁で棄却され、二〇一八年六月一五日に大法院（最高裁）は上告も棄却、一審の刑が確定した。被害者らの裁判費用は「参考文献なし」プロジェクトで集められた資金が用いられた。

小説家ユン・イヒョンは、告発が文学界内部ではなく外部からなされたと述べ、これまで文壇で誌面をもらい稿料をもらってきた自分たちには負い目があると記した[14]。文壇に関与してきたことは、文壇が持つ権力効果と位階の再生産に関与することでもあったからだ。文壇に入り込むためには各種新人賞に入選し「登壇」しなければならない。そのために「登壇」以前の文学志望者たちのほとんどは高校や大学の文芸創作科に在籍し、文壇内部にいる教員たちの指導を受け、習作をする。なお文芸創作科を持つ高校は韓国内で二校しかない[15]。現場になった高陽芸術高校の文芸創作科に在籍するということそれ自体が、並大抵ではない文学志望者であることを意味する。高陽芸術高校の文芸創作科は一学年一クラスしかなく、生徒たちは三年間をともに過ごす（学生寮に入居した生徒はさらに密な時間を送る[16]）。加害者は、各種コンテストの審査委員であり、大学入試の推薦状を書く立場であった。教える立場である加害者は、教えられる立場である生徒たちに権力と暴力を行使した。加害者は「登壇」と「大学入試」という、生徒にとっての夢を左右できる立場を利用し、さらに自らの行為を「文学」の名を用いて正当化し、犯行に及んだのだ。文壇の外と内の境界線に関わる権力者でもあったのだ。文学評論家ソ・ヨンヒョンはこれについて「#文壇_内_性暴力」運動によって文壇の「内・外」や「境界」、そして「文壇内」という認識が事後的に発見されたと指摘する。文壇「内」に入ることを目指しているがまだ入っていない習作者が、文壇内から外へ行使される性暴力と位階暴力を告発したのだ[17]。

しかし文壇もまた、他の社会運動と同様に、一〇〇人委が提起した原則を単にマニュアル化した解決方法を抜け出しえなかった。問われたのはここでも、法的な解決だけでなく、文壇そのもののレイプ文化だ。それは文学の流通構造、そして文学そのもの、芸術そのものを問うことであった。その問いが文学研究者に届いた事例として、『文学を壊す諸文学』『原本なきファンタジー』という文学史にフェミニズム的視角から介入する論文集が提出されている。(18)

## 社会と文化を問う運動

第3章執筆のハン・チェユン、第4章執筆のルインはともに韓国のクィアフェミニズムを開拓している研究活動家である。両者の論文が本書に所収されているのは、フェミニズムとクィアはともに行くという宣言でもある。

第3章「マイノリティは被害者なのか――カミングアウト、アウティング、カバーリング」もまた、個人ではなく社会問題として、つまりマジョリティたちの問題としてカミングアウトとアウティングの問題を問い直す。カミングアウトを個人の勇敢な決断と見なせば見なすほど、それは本書で語られるように同性愛者を「弱者」の位置に閉じ込めることになる。それでは私たちは社会を変化させる機会を逃すのであり、それはしばしば思いこまれているように個人の秘密を明かすことではなく社会のゆがみと隠された構造を明かすことなのだと意味づけをし直すのだ。そしてその社会は、同性愛者にパッシングを要求し、社会の常識を押しつける。ハン・チェユンは、カミングアウトを個人化するのではなく、カミングアウトを受け入れる側の問題として再設定するのだ。

第4章「被害者誘発論とゲイ／トランスパニック防御」は、しばしば法廷で加害者側の論理で取り上げられるゲイパニック防御やトランスパニック防御を取り上げる。この論理は異性愛者の男性性を男性性の唯一の実践形式なのだと受け入れる社会の支持と受容を期待しているからこそ法廷で取り上げられる。ゲイやトランスジェンダーに対する攻撃を正当化する論理は、単に加害者個人の逸脱を弁護する論理にとどまらず、社会が持つジェンダー規範からの支持を期待しているということだ。そしてジャニス・レイモンドの異性愛ー二元ジェンダー規範によるトランスジェンダー排除の論理がトランスパニック防御の論理を支えてしまっていると分析する。被害者誘発論は社会認識のあり方（ジェンダー規範）で加害者と被害者が入れ替わってしまうことを可能にする。第4章では加害を通してジェンダー規範を守る男性性分析を通して、社会の権力配分を正面から批判する。また、ルインの論考は『#MeToo の政治学』に掲載された「ジェンダー概念とジェンダー暴力」につながっていく議論だ。

第5章「被害者アイデンティティの政治とフェミニズム」は、嫌悪とネオリベラリズムという現在の条件のもとで、かなり広い視野で解放を問い直す。フェミニズムに触れて「私が初めて知った！」という使命感がネオリベラリズムの自我概念と出合い、SNSをはじめとするオンライン文化を享受するという条件におけるフェミニズムへの問いだ。ここでも被害者中心主義ではなく、女性を被害者化する権力の問題を問えと、連帯の可能性を問うかたちで社会的な問いかけがなされる。

このような問題提起を日本で考える際、すでに韓国フェミニズムを考えるための書籍が日本語である程度読める状況にあることもつけ加えておきたい。たとえば先ほど言及した『韓国女性人権運動史』（山下英愛訳、明石書店、二〇〇四年）は一九九〇年代までの包括的な女性人権運動史を描いている。権仁淑『韓国の軍事文化とジェンダー』（山下英愛訳、御茶の水書房、二〇〇六年）、金蓮子『基地村の女たち――もう一つの韓国現代史』（山下英愛訳、御茶の水書房、二〇一二年）、金鎮淑『塩花の木』（裴姈美・野木香里・友岡友希訳、耕文社、二〇一三年）などは韓国における性文化を諸側面から浮き彫りにする重要な参照点になるだろう。そして何よりも膨大なので紹介しきれない日本軍「慰安婦」問題に対する研究書や運動の諸記録は日本語で韓国フェミニズムを考えるさいの拠点でもある。最後に、解題でも参照した一〇〇人委の経験を文書化しているチョン・ヒギョンの言葉をもう一度引用して、本解題を閉じたい。

> あらゆる社会運動は被抑圧者の経験から出発する。そして被抑圧当事者の言葉は今よりももっと社会的に傾聴されねばならない。しかし、当事者性自体がただちに解釈の余地なしに真実なのではない。それは組織化を通して、運動を通して、より正確にいえば対話しようという言語の交換を通して、責任を分かち合う内部民主主義の中で、互いを育て上げる過程を通してのみ、真実になる。(19)

（1）原著刊行直後に提出された次の書評論文の表現を借用した。ソン・ヒジョン「フェミニズム、「社会的なもの」の再構成」『黄海文化』二〇一八年夏号、セオル文化財団、二〇一八年、三五五頁。
（2）クォンキム・ヒョンヨン『二度とそれ以前には戻らないだろう』ヒューマニスト、二〇一九年、二四三頁。
（3）クォンキム・ヒョンヨン『二度とそれ以前には戻らないだろう』前掲、九頁。
（4）キム・ジュヒ「N番部屋は新種犯罪なのか――顔のジェンダー政治」、キム・ウンシル編『コロナ時代のフェミニズム　フェミニスト・クリティーク2』ヒューマニスト、二〇二〇年、一三二頁。
（5）ソン・ヒジョン『また、書く、世界』五月の春、二〇二〇年、一二頁。
（6）クォンキム・ヒョンヨン「女性は潜在的被害者なのか?――「無害な存在」というイデオロギーを超えて」『コロナ時代のフェミニズム』前掲、四二－三頁。
（7）クォンキム・ヒョンヨン『いつもそうだったように道を探し出すだろう』ヒューマニスト、二〇二〇年、八九頁。
（8）ミン・ガヨン「新自由主義時代、安全の商品化とフェミニズム――被害と安全についてのフェミニズムの問い」『コロナ時代のフェミニズム』前掲、一四一頁。さらにミン・ガヨンはネオリベラリズム化する社会において、「現在、性暴力問題は法律市場で有能な法律代理人に出会えば解決できる問題に転落している。この過程で性暴力問題が加害と被害という政治的・倫理的判断の問題から法律市場の企画商品を購買する顧客または消費者の問題へと位置移動していることを確認できる」と指摘する（同論文、一四二頁）。
（9）クォンキム・ヒョンヨン『いつもそうだったように道を探し出すだろう』前掲、一二五頁。
（10）チョン・ヒギョン「加害者中心社会で性暴力事件の「解決」は可能なのか――KBS労組幹部性暴力事件の女性人権諸争点」、チョン・ヒジン編『韓国女性人権運動史2　性暴力を書き直す――客観性、女性運動、人権』図書出版ハンウル、二〇〇三年、四一－二頁。

(11) チョン・ヒギョン「ずっと、最後まで、フェミニストとして」、クォンキム・ヒョンヨン他『フェミニスト・モーメント』グリンビ、二〇一七年、一八六頁。

(12) クォンキム・ヒョンヨン『いつもそうだったように道を探し出すだろう』前掲、一二九頁。

(13) 「脱線」「ゲルニカを回顧して」『文学と社会』第二九巻第四号、文学と知性社、二〇一六年、一五〇頁。

(14) ユン・イヒョン「わたしは女性作家です」『参考文献なし』二〇一七年、一七八頁（ソ・ヨンヒョン「フェミニズムという文学」、ソ・ヨンヒョン他『#文学は_危険だ――いまここのフェミニズムと読者時代の韓国文学』民音社、二〇一九年、二一七頁から再引用）。

(15) オ・ピッナリの発言（ヤン・ギョンヨン「#文壇_内_性暴力を語る運動に対する中間記録」『女/性理論』三七号、図書出版女理研、二〇一七年、一四五頁から再引用）。

(16) 「脱線」「ゲルニカを回顧して」、前掲、一四八頁。

(17) ソ・ヨンヒョン「偽の敵対のあいだで、文化的民主主義の不／可能性」『文化科学』九四号、文化科学社、二〇一八年、八七－八八頁。

(18) クォン・ボドゥレ、オ・ヘジン他『文学を壊す諸文学――フェミニスト視角から読む韓国現代文学史』民音社、二〇一八年。オ・ヘジン他『原本なきファンタジー――フェミニストの視角から読む韓国現代文化史』フマニタス、二〇二〇年。

(19) チョン・ヒギョン「ずっと、最後まで、フェミニストとして」前掲、一九四頁。

# 解題　「被害者性」という新しい文化・政治

ハン・ディディ

被害、被害者という概念そしてその存在は、フェミニズムにおいて最も重要な概念の一つであり続けてきた。たとえば日本でのキャンパスにおけるセクシュアル・ハラスメントに反対する運動の文脈であれば、それぞれの足元の運動に加え一九九八年に文部省なども動き、大学内で対応基準（ガイドライン）が制定された。そこでは「当人がいやだと言ったらセクハラ」という例示がしばしばなされていた。現在の観点から振り返ってみれば、このような基準は「何でもセクハラとなってしまう可能性があるので、無意味ではないか」と思う人がいるかもしれない。しかし、ここで確認が必要なことは次の二点である。まず一つ目は、時代の文脈を見ていく必要があるということである。もう一つは、被害には加害者とされる人の行為だけではなく周辺の人がそれを是認・黙認するという深刻な側面もあり、それへの対抗として、このような基本認識は大きな意味があるということである。運動現場では、目の前の被害者により丁寧に対応する必要があり、時代が変わっても変わらぬ「被害者」に関わることと、状況や時代に応じて変化していく「被害者」をめぐる状況の双方に注目し関わることが必須なのだ。

いったん時代を一九九八年より前の日本に戻そう。大学内にセクハラガイドラインというものがほとんどない時代では、セクハラを訴える窓口自体がごく少数だった。訴えても加害者とされる側の「これはセクハラではなく人間関係を円滑にするためのコミュニケーションだ」という言い訳は定番で、より強い権力を持っている加害者にそんな言い訳は通用しないと指摘することは周りの人にも困難だった。「いやだ」と言える被害者はおそらくごく一部であり、ほとんどが「セクハラだ」という言葉を発することにも躊躇せざるをえなかった。このようなときに、ガイドラインが作られ「本人がいやだと言ったらセクハラ」という例示がなされることの効果は決定的に重要である。こういう状況下では、この基準が「強すぎて無意味」とはならない。補足すると、そのころセクハラに関わる裁判で被害者側の勝訴例がいくつか出されたのだが、これは、法的に明らかに勝てるレベルのセクハラが横行していた、眠らされていたということの表れでもある。なお日本には現在もセクハラ防止法は制定されていない。さらに「本人がいやだと言ったら」というこの文言も、アカハラ・パワハラに応用すると適切でない例も出てくる。ガイドラインは作るだけでは当然ながら不十分であり、どう運用するかが重要だということも問われ、基本を大切にしつつ変化が要求される。こうして、対応の実践の積み重ねがなされてゆくのだ。繰り返し強調したいのは、被害者重視の理念や被害者に随伴することの重要性を当然の前提としつつ、その時々の文脈や状況の中で実践が生まれてくるということである。(1)

## 道徳化された「被害者中心主義」の陥穽

以上は日本の文脈だが、この本の著者たちは、韓国でこういった現場に深く関わってきた人たちである。その彼女ら・彼らが、なぜ「私たちは被害者という役割を拒否する」という挑発的とも言える言葉で始まる本を書くことになったのか。それは、本文にあるように、韓国では運動現場において「被害者中心主義」が誤って用いられ、そのことが深刻な矛盾を生み出し、活動家たちがその問題に正面から向き合わざるをえない状況となっているからである。反性暴力の現場においては被害者を軸として運動することは当然なのだが、「被害者中心主義」が道徳化し、被害者というアイデンティティが一種の道徳的優越性を持ち、さらに運動のスタイルにある影響を与えている状況がある。

日本で彼女ら・彼らの言う「被害者中心主義」の誤用が何なのか、深刻な矛盾とは何なのかを共有するのは簡単ではない。なぜならば、端的に日本と韓国とでは、フェミニズムの声が届く領域の広さが違うからである。性暴力を受けた当事者が、その被害について告発・発話すること自体が厳しいハードルがあるということは、日本も韓国も変わりはない重い事実だが、やはりそういった暴力に対する対抗運動が韓国に比べて日本ではまだまだ社会的に受け入れられず孤立させられているように思えるからだ。日本で闘っているフェミニストの同志たちに、「被害者中心主義」の誤用について正確に伝えることができるだろうかと、私は何度も自問した。そのうえでこの翻訳を出すことを決めたことをここに記したい。なぜなら、この問題は、運動の発展段階に応じて現れる問題でもなく、運動が前進し社会全般の性に変化が起きた段階で初めて現れる矛盾でもないからである。

韓国においてこの問題は、フェミニズム運動の成果とその思想が進展する中、特に二〇一六年以降、フェミニズムが韓国社会に大衆的なうねりを広範囲に作っていく中で、大きな矛盾として現れた（この文脈について、訳者の一人である影本剛が説明しているので参照してほしい）。確かに「被害者中心主義」の誤用をめぐる問題は、運動の発展、社会でのその広がりの段階、文脈に大きく依存する面がある。しかし、この問題は、ある国の運動の固有の文脈に依存する一つのエピソード的な現象とは言い切れない。むしろ、アイデンティティの政治をめぐる、より根源的な問題だと言うのが私の認識である。たとえば、著者たちが対決しているいわゆる「被害者中心主義」の誤用をめぐる問題が、実は韓国だけでなく二〇一〇年以降、北米などの世界各地で特に反人種主義や反性差別運動だけでなく、全く正反対の右翼的傾向にすら強く現れているという事実があるからである（後者については後述）。フェミニズムをはじめとする政治とメディアの関係を研究するフーリアラキとバネットーワイザーの論文（二〇二一）によれば、今日リベラル政治は、誰が被害者かをめぐる争いによって支配されており、ここで「被害者性（victimhood）」は最も重要な記号表現となったと述べている。(2)

## 被害者性の政治とは

フーリアラキは、被害者性を、公的な対話を苦痛の競争に変えてしまうようなコミュニケーションの構造として説明している。(3) ここで大きな意味を持つのは、この苦痛の「承認」であり、その過程を通じて自身に道徳的価値が付与されるということである。これまでも、被害者性が道徳的に大きな意味を持って使われてきたことはあった。しかし、ソーシャルメディアが影響を強め、新自由主義的な自己責任のイデオロギーを内面化した個人が増えている昨今の世界で、被害者性は非常に強力で効果的な政治力を持つことになった。このような形で被害者性は新たな政治文化となっていると言うのが、フーリアキたちの指摘である。(4) この新しい政治文化を「被害者性の政治」と呼ぶことにしよう。簡単に言うと、「被害者性の政治」において、被害者という位置は一種の道徳的優越さを持つと見なされる。被害者は不可侵の道徳性を持っていると見なされるので、人々は自分の被害者性をより多くの人々に知らせるよう努力するようになる。

## 被害者性の政治の例――ブラウン大学で起きたこと

例として、二〇一四年にブラウン大学で企画された討論会と、それに対し「被害者性の政治」がどのように働きかけをしたかというエピソードを紹介したい。(5) この討論会には、フェミニスト作家のウェンディ・マッカロイとジェシカ・バランティが招待されていた。討論会のテーマの一つは「レイプ文化」という言葉の使い方についてであった。バランティの主張は、米国には「レイプ文化」が蔓延しているというものだった。「レイプ文化」という言葉は非常に強い印象を与えるのでたじろぐ向きもあるだろう。しかし、「米国社会に広がる性差別・性暴力を表現するには、「レイプ文化」という強い言葉を使う必要がある」という考え方はそれほどおかしくない、とバランティは主張する。それに対し、マッカロイは米国社会を「レイプ文化」と表現することに反対する。その理由の一つは、「女性が無理やり結婚させられ、男性の名誉のために殺害され、強姦されたという理由で当の女性が逮捕される」ような国々が世界各地にあり、そういったまさに「レイプ文化」と言える行動様式が一般的な社会と米国社会を同列に扱うのはどちらにとってもよくないということだ。もう一つは、米国社会に蔓延する女性嫌悪主義の問題を解決しようとするとき、「レイプ文化」という言葉を使うのは果たして戦術として適切なのか、という点である。このマッカロイとバランティの議論は、これまでフェミニズムの歴史の中で同様な趣旨の議論が場面を変えながら何度も行われてきており、それ自体は重要な議論ではあっても、実はそれほど珍しいものではない。どちらの主張にもそれなりの妥当性があると考えてよいだろう。

ここで論じたいのは、この議論をめぐる学内活動家たちの反応である。ブラウン大学のフェミニスト活動家たちは、バランティの考えが正しい、すなわち米国社会がレイプ文化である、と考えた。彼女たちは、当然ながらマッカロイの考えに反対した。問題は、その次の段階、つまり「ではどのように反対するのか？」「どのような理由で反対するのか？」というところである。彼女たちはこの討論会を阻止することを目指した。大学本部に対する抗議をはじめ、様々なキャンペーンを繰り広げたのだ。ここで注目したいのは、討論会に反対するそのロジックである。彼女たちの主張は、「マッカロイの主張が、米国がレイプ文化だと考える個々人の経験を無視することで苦痛を与え、被害者たちはマッカロイを見るだけでもトラウマを抱えることになる、だから討論会そのものを中止すべき」というものだった。つまりは、討論の過程で、マッカロイに共感する参加者がバランティの話を聞いて考えを変えていく可能性をも封殺しようとしていたことになる。結局のところ討論会は行われたのだが、学内には武装した警備員が待機する一方、トラウマ対処訓練を受けた学生と教職員が待機する「セイファースペース（安全な空間）」が作られた。そして、実際にマッカロイの主張に自身の信念を「爆撃」された苦痛を訴える被害者がその安全空間を訪れ利用したとのことである。

## 被害者性と政治の抹殺

「被害者性の政治」になじみがない人は、このブラウン大学でのエピソードを、なぜここまで強調せねばならないのかととまどうかもしれない。しかし、米国では二〇一三年以降、このような事例が無数に報告されている。米国のメディア学者ホロウィッツは、こんにち「米国政治で最も重要なのは被害者という政治性だ」と断言し、その理由として被害者という位置が一種の道徳的優越性を持つことになったことを挙げている。[6] 問題は、このような被害者性の政治が政治的変革の可能性を抹殺する効果を生んでいるという点である。

かつてならば類似した状況に置かれた学生たちは大学当局に対して、より大きな発言や行動の自由を要求していたかもしれない。しかし今や学生たちは「感情に触れたり」「不快感を与え」ることで自分たちのメンタルヘルスを危険に陥れる内容（それが教科書のコンテンツであれ、そのような内容の講義であれ、討論会であれ、そのような意見を持った人であれ）から、大学が自分たちを保護することを要求している。[7] もちろん、以前にも政治的に見解が異なる教授や討論者に対する学生たちの抗議行動はあったが、これらは論争もしくは直接行動（反対デモや会場へ押しかけるなど）による政治行為だった。一方、現在の米国の大学では学生たちは「危険」を根拠にして、たとえばある講師に対する招請を撤回させようとする。そこでは、「不快」と「危険」が混同され、「安全（safety）」という言葉は、「感情の安全」つまり気持ちまで含むことになってしまう。

一般的には、見る人が傷つき、トラウマを抱えそうな状態がありうるとする場合、具体的にどう対応を行うのかを考えることは当然のことである。しかし、「被害者性の政治」では、それに対しただ一つ、「自分たちは、それ（自分たちが反対する人物や対象）を見るだけでも傷つき、『トラウマ』を抱える可能性がある。だから、それを自分たちから遠ざけ排除しろ」という答えが提示される。ここで問題なのは、トラウマと言う言葉が医学的な意味を超えて、個人の不快感や感情などの気持ちを含む形で非常に広い意味にまで拡張されてしまっているということである。[8] つまり、グラデーションが存在し、それに応じた対応を考える必要があるものが一律に「危険」と分類されるのだ。

それ以上に問題なのが、「被害者性の政治」においては「自分が傷ついたり侮辱されたと感じる人は正しい」というポリティカル・コレクトネス（政治的正しさ）の原則が援用されるのだが、その結果、何が真実なのか究明しようとする努力は不必要、あるいは不可能なことになってしまうということである。実際にどのようなことが起こったのかを確認しようとしたり、被害を受けたと言う人の主張に反する見解を提示することは（ブラウン大学の事例からもわかるように）それ自体が被害者の感情／考え方に対する「脅威」であり「攻撃」と見なされてしまう。つまり、このような「真実」をもとにして告発された人は、その告発が起きたということ自体によって加害者にされてしまうのだ。

さらに、「被害者性の政治」で、最も大事なのは傷ついた被害者の感情であり、それをなるべく多くの人に知らせることが何よりも重要である。傷ついた当事者は、社会的に抑圧されており、それがゆえに、道徳的に優越した「被害者」と追認されるべきで、その過程として必要とされるのが社会的承認だからだ。このような承認は、主に加害者を社会的に告発（call out）して多数の支持を得る慣行を作る。もちろん、加害者が自らが行った行為について批判されるべきなのは当然である。しかし、そのために必要な事実関係の究明が上述のように「被害者性の政治」では不可能になっている。また、加害の内容に応じた適当な処分などを受けて謝罪し、そのうえで社会に復帰することも許されなくなる。パーラーの表現のように、「もはや、行為に応じた正当な内容の判決も存在せず、加害者として告発された人の名誉が事実関係を検証した上で回復される可能性もなく、ただ被疑者になって、排除されてそのまま忘れられた人だけが」いる、ということになってしまいかねない。[9]

結果として、「被害者性の政治」においてはオープンな形で問題を議論することが非常に困難になってしまう。そこでは、敵と私たち、加害者と被害者、圧制者と被抑圧者という形で世界が無造作に二分されてしまう。これはかなり党派的な論理に接近していると言えるだろう。結果としてシャンタル・ムフの言う「論争と競合から構成されるべき政治の場」がないままに、取り除かなければならない敵だけが残るということになりかねない。[10]また、どちらがより「被害者」なのかを決め、被害者の序列化に注力するという文化・運動傾向の問題も指摘されている。

## 被害者性、フェミニズム、アイデンティティの政治について

こうしてみると、「被害者性の政治」の持つ特質とその特殊性が見えてくるだろう。しかし、「被害者性の政治」イコール、フェミニズムとはとても言えないことがわかるだろう。ただ、問題は「被害者性の政

治」とフェミニズムは、しばしば重なって現れるということである。それだけでなくフェミニズムを擁護する多くの人々、特に現実の家父長制の暴力から被害者を保護し支援するという道徳的な動機を強く持つ活動家ほど、より容易に「被害者性の政治」に同調しがちだということである。これには二つの理由があると思われる。一つは、過去の社会運動の中で（社会運動を通じて）、女性の安全が守られたことはなかった。という認識、またはそのあまりにも遅い歩みに対する絶望がある。もう一つは「アイデンティティ政治」を媒介にして、両者が結びつけられがちだということである。しかし、だからこそ、運動の歴史と実践、その中で練り上げられてきた思考をドグマ化しないためにも、「被害者性の政治」と「アイデンティティの政治」をめぐる問題を検証し、思考を発展させていくことが必要ではないかと思う。

もちろん、私はここでアイデンティティの政治を全面的に否定しようとしているわけではない。著者たちが議論したように、アイデンティティの政治としてのフェミニズムは、男性中心的な普遍性に差異を提起してきた。また、抑圧された個人が解放的な共同体を作ることを可能にしてきたという面もある。しかし、特定のアイデンティティを共有する人々が排他的に同盟を結び、自分たちの権利を主張することを闘争の目的とするとき、アイデンティティの政治は解放するのではなく、体制側や主流社会からの承認を求める運動になってしまう危険を持っている。その結果として既存の体制をマイノリティの立場からあらためて承認したり強化する効果さえ生み出すのではないかという指摘もある。(11)

政治哲学者ウェンディ・ブラウンの表現を借りるならば、「政治化されたアイデンティティ」が被害者性の政治と結合するとき、フェミニズムは解放のための思想ではなく道徳権力を獲得するための言説として機能し始める。[12]過去、白人中産階級フェミニズムがいかに被害者性に基づいて道徳権力を獲得したかを非白人の観点から見れば明らかである。アイデンティティに基づいた反人種主義あるいは反性差別運動が「被害者性の政治」を自分たちの道徳や綱領とするようになると、運動の言語は急速に硬直し内部から検閲を求め始めるようになる。フェミニスト政治学者アイリス・ヤングは、単一のアイデンティティを中心とする政治、たとえば姉妹愛に基づく政治は、自分たちを外部から隔離し「分離主義」に進む傾向があると指摘する。[13]それだけでなく、抑圧されたという事実、被害者性を本質化するアイデンティティの政治は、(シオニズムのような)本質主義に陥る危険も帯びている。ジェンダーの多様性を認めないジェンダークリティカル・フェミニズム(いわゆるTERF)によるトランスジェンダーを対象にした排除や、ヨーロッパなどで移民や難民男性に対するフレームアップ攻撃が激しく行われていることなどは、彼らの指摘を裏づけるものであろう。[14]

また、本書でチョン・ヒジンが第5章で指摘するように、新自由主義のもとでますます深刻になる生の不安定性の中で自己責任のイデオロギーを内面化した女性たちが、生き残るために被害者という切り札を手にするとき、問題ははるかに複雑化する。ソーシャルメディアは「自らの被害者性を訴え、大衆に承認されることによる自己実現」といういびつな傾向を生み出した。これが被害者文化と結びついたとき往々にして起こるのは、自分自身の被害者性をできる限り強調することであり、そのために事実関係をゆがめることもいとわない傾向である。このような被害者性の政治は、フェミニズムだけでなく、左右を問わずあらゆる種類のアイデンティティ政治と結合して登場している。トランプが用いたプロパガンダの中で最も有効だったものの一つは、「我々（白人男性）は被害者だ！」というものだった[15]。また、韓国の二〇代男性の多くが自分をフェミニズムの被害者だと考えたり、日本のネット排外主義者が実際には社会的弱者ではないにもかかわらず、被害者意識の保持者であったりすることも、こうしたことの表れであろう[16]。世界が被害者性を主張する（それによって自分の道徳的位置を引き上げようとする個人たちの）競争の場になってしまったとも言えるかもしれない[17]。またトランプ支持者にしろ、フェミニズムの被害者だと名乗る韓国人男性にしろ、彼らの主張を見ると驚くほど事実関係が軽視されている。結局、自らを被害者とし加害者像を作り上げることで、抑圧や差別の構造そのものを見る観点を、被害者性の政治は消してしまったと言えるのではないだろうか。

## おわりに

ここまで、いくつか例を挙げて「被害者性の政治」についてある程度批判的に見てきたが、このような問題意識は本書『被害と加害のフェミニズム』のそれと強く共鳴する。クォンキム・ヒョンヨンが強調するのは、果てしなく被害者の信用を貶める家父長制文化のもとで「被害者中心主義」が被害者を守るための唯一の対抗言説だったということである。しかし、今度はその「被害者中心主義」が被害者を無条件に支持すべき存在にすることで権力化してしまったこと、それが「新しい道徳主義」になってしまったこと、を批判しているのだ。被害者の主観的な感情に独占的な権威が与えられてしまえば、それ以上の議論は一切不可能になってしまう、という批判である。そうなれば、ムフの言うような論争と競合という政治の可能性は失われ、「個人的なものは政治的なもの」というラディカルフェミニズムのスローガンは奇妙な膠着状態に陥ってしまうのだ。

フェミニズムの主要な敵は言うまでもなく女性を抑圧する家父長制である。ただ、家父長制の抑圧を受けるのは女性に限らない。その中のすべての人間が抑圧されているし、この抑圧が人種、ジェンダー、階級を絡めて複雑に現われていることを忘れてはならない。フェミニズムは、何よりもそうした抑圧から私たち自身を解放するための思想であり、抑圧的なシステムを根こそぎにしたいという欲望の力である。しかし、「敵」に対する憎悪を原動力とし、自分たちの過ちを決して認めない党派主義的な傾向が強化されてしまえば、世界、そして私たち自身を解放するための運動は止まってしまうだろう。

被害者というアイデンティティに基づいた運動が作り出す問題、特に感受性の政治を通じて自分たちを被害者として美化する白人中間階級の偽善に真っ先に気づき、最も明瞭な言語で話したのは黒人フェミニストたちだったということは重要なポイントである。[18] たとえばベル・フックスは、「シスターフッド（姉妹愛）」を強調しながら分離主義的運動を形成した七〇年代のリベラルフェミニズムを強く批判している。[19] これは何よりも、ベル・フックスにとって黒人男性が単に排除の対象ではなく、一緒に変わらなければならない同志たちだったためだ。同じくベル・フックスは、リベラルフェミニズムにおいてそのスローガン「安全と支援（safety and support）」が、単に似た価値観を持った人々と一緒にいることを意味するようになったことを残念がっている。フェミニスト運動は異なる意見の人々を排除するのではなく、そのような人々と向き合わなくてはならない、運動内外の不和は不可避に生じるものでありそれを排除することはできない、同質性に閉じこもるのではなく差異こそが運動の原動力になる、女性は真の成長のために衝突と闘争を受け入れなければならないとも主張している。黒人フェミニストのバーバラ・スミスの以下のような指摘にも注目したい。[20]「自律性は強さから出る。一方、分離主義は恐怖から生まれる」。そして、私たちは「本当に自律的なときこそ、他者や多様な争点、そして差異を扱うことができる」。

この本の著者たちは、「加害者側に合理化の武器を握らせるかもしれないという懸念」や、韓国フェミニズム運動が新たに直面している巨大なバックラッシュにもかかわらず、「被害者という役割を拒否」すると宣言した。被害者アイデンティティに基づいた分離主義的な傾向をはっきりと批判し、より自律的で解放的な観点を堅持しよう！という呼びかけである。

（1）日本の反性暴力運動の歴史と現場の状況については、長年現場の活動家として働いてこられた吉野太郎さんのご教示によるものですが、至らない部分についての責任はすべて私にあります。

（２） Chouliaraki, L., & Banet-Weiser, S., “Introduction to Special Issue: The Logic of Victimhood”, *European Journal of Cultural Studies*, 24 (1), 2021, pp. 3–9.

（３） Chouliaraki, L., “Victimhood: The affective politics of vulnerability”, *European Journal of Cultural Studies*, 24 (1), 2021, pp. 10–27.

（４） または、Brown, W., *States of injury*. Princeton University Press, 1995; Banet-Weiser, S., *Empowered: Popular feminism and popular misogyny*, Duke University Press を参照せよ。

（５） Mcelroy, W., “Is Challenging ‘Rape Culture’ Claims an Idea Too Dangerous for University Students?” *Independent Institute*, 2014, December, 15.

（６） Horwitz, R. B., “Politics as victimhood, victimhood as politics”, *Journal of Policy History*, 30 (3), 2018, pp. 552–574.

（７） Pfaller, R., *Erwachsenensprache. Über ihr Verschwinden aus Politik und Kultur*, Fischer Taschenbuch, 2017.

（８） Fassin, D., & Rechtman, R., *The Empire of Trauma: An Inquiry into the Condition of Victimhood*, Princeton University Press, 2009.

（９） Pfaller, R., *Erwachsenensprache. Über ihr Verschwinden aus Politik und Kultur*, Fischer Taschenbuch, 2017.

（10） Mouffe, C., *Agonistics: Thinking the world politically*, Verso Books, 2013.

（11） アイデンティティの政治は、しばしば少数の人々が社会の富を占める新自由主義的構造そのものを問題視するよりは、支配層にどれほど女性またはＬＧＢＴが入っているかが問題だというふうにフレームを変えてしまう。さらにアイデンティティの政治がどのように自由主義体制を強化するのみならず、対テロ戦争のレトリックに付合するかについては、ウェンディ・ブラウンによる論考を参考にせよ。Brown, W., *States of injury*, Princeton University Press, 1995; Brown, W., *Politics Out of History*, Princeton University Press, 2001; Brown,

W., *Regulating Aversion: Tolerance in the Age of Identity and Empire*, Princeton University Press, 2018（ウェンディ・ブラウン『寛容の帝国：現代リベラリズム批判』向山恭一訳、法政大学出版局、二〇一〇）。

（12）Brown, W., *States of Injury*, Princeton University Press, 1995.

（13）Young, I. M., *Justice and the Politics of Difference*, Princeton University Press, 2011.

（14）白人女性をレイプする者であるとされる黒人男性から保護すべきだという観念がどのように他民族とトランスジェンダーを排撃する現在の白人女性保護主義フェミニズムと結びつくかについては、Michelis, I., "Re-centering white victimhood in the age of black lives matter: a 'gender critical' project?", *Engenderings*. LSE, 2022. また、トランスジェンダーとセックスワーカーに対するアイデンティティ攻撃に基づいた分離主義的フェミニズム運動傾向は、英国でも強く現れている。これについてはPhipps, A., "White tears, white rage: Victimhood and (as) violence in mainstream feminism", *European Journal of Cultural Studies*, 24 (1), 2021, pp. 81–93.

（15）右翼を含む白人男性が自分を被害者化する大衆的な言説に対しては　Al-Ghazzi, O., "We will be great again: Historical victimhood in populist discourse", *European Journal of Cultural Studies*, 24 (1), 2021, pp. 45–59.

（16）チョン・グァンユル、チョン・ハンウル『二〇代の男、「男性マイノリティ」自意識の誕生』SisaIn Book、二〇一九年。松谷満「ネット右翼活動家の「リアル」な支持基盤――誰がなぜ桜井誠に投票したのか」、樋口直人、永吉希久子、松谷満、倉橋耕平、ファビアン・シェーファー、山口智美『ネット右翼とは何か』青弓社、二〇一九年。クォン・ハクジュン、ジャン・ヘヨン「現代日本における排外主義と歴史修正主義――排外主義の拡散とネット・サブカルチャー」『日本文化研究』六八号。

（17）人種主義に反対する運動内部で起こるアイデンティティ政治の否定的効果とマイクロ・アグレッション、トリガーウォーニング、安全空間などに伴って作られる被害者文化の浮上については、Haider, A., *Mistaken*

*Identity: Race and Class in the Age of Trump*, Verso Books, 2018.

（18）パーラー（Pfaller, R., 2017）の場合、現在強化されている被害者性の政治において（マイクロ・アグレッションを気付くために必要と主張される）感受性および言語が実際の下層民とは無関係なエリート、あるいは中産層グループが自分たちを「被害者」化することで権力化することに活用されると主張する。

（19）hooks, b., *Feminist Criticism: From Margin to Center*, South End Press, 1984.

（20）Smith, B., "Introduction to home girls: A Black feminist anthology", B. Ryan (ed.), *Identity politics in the Women's Movement*, 2001, pp. 146–162.

# 訳者あとがき

『被害と加害のフェミニズム――#MeToo以降を展望する』（以下、本書）は、長年フェミニズムの活動や研究をしてきた研究者＝活動家たちによる共同作業の産物だ。そして日本語への翻訳も真の意味で「共同作業」であったと言いたい。私が本書を読んだのは二〇一九年の日本であった。最後のページを閉じる瞬間、日本語に翻訳しなければならないと決心した。なぜなら、当時私は本書が扱っている被害者中心主義の問題の真ん中に置かれていたからだ。自分が全身で経験していることに対して、いったい何が起きているのか、なぜ状況がこのように流れているのかは全く理解できなかったのだが、本書を読んで、ある程度整理することができた。

私は日本語の拙い韓国人なので、本書を一人で翻訳することは不可能だった。東京の山谷で出会った活動家の平野さん、そして長年の友人である今政肇の助けを借りて、序文と第1章の翻訳を始めながら（この三人がこれらの章の訳を担当）、本書の問題意識を共有する翻訳者／仲間たちを探した。そして集まったのが韓国で勉強した日本人研究者の影本剛（日本語版序文、第2章、第3章を担当）、在日朝鮮人研究者の金友子（第4章、第5章を担当）、日本と韓国を行き来しながら様々な社会運動をつづけてきたイ・サンヒョン

（金友子とともに第5章を担当）だ。最終的な訳文の整理は影本剛が行った。むやみに決心して始めた翻訳であったが、私自身にできることは限定的だった。出版されるかすらわからない状況で、翻訳に参加した仲間たちは、草稿ができた後にも細かい表現を整えることを繰り返した。

本書の問題意識は単にフェミニズムだけではなく、現在の社会運動が直面している根本的な困難（どのようにアイデンティティを超えて連帯できるのか、どのように世代的、文化的、ジェンダー的、宗教的、つまり様々な人類学的他者と共通感覚を作り、ともに生きていけるかの問題）とつながっている。このむずかしさは現在、世界各地で様々な形態で発生している。特に正しさという感覚、あるいは正義の問題を重要視してきた社会運動の領域では、それがたびたび味方と敵を区別して線引きをする敵対方式で現れ、その結果、運動は内部分裂し、社会全体で孤立するという悪循環を作る。このような問題点が、韓国の状況でフェミニズムをめぐって噴出した文脈を、日本という固有の状況を生きる読者にうまく伝えることができるかどうかという点は、私にとって大きな悩みだった。韓日と言う文脈を超えて世界的な状況を紹介しようとした私の解説はそのような悩みの産物だ。解説を書く過程で、ともに草稿を読み上げ、意見を交わした吉田太郎さん、向井宏一郎さん、鹿島さん、村上さん、梅ちゃんとはっぴさんに深く感謝を伝えたい。

翻訳を任せてくれたクォンキム・ヒョンヨンさんをはじめとする著者の方々、本書の原著出版社である教養人出版社のハン・イェウォン代表、そして日本語版刊行に際して多くの出版社に断られるたびに別の出版社を紹介してくださった福田慶太さんにもこの場を借りて感謝したい。そして何より、困難な状況のなかで、本書の問題意識に共感し、ともに作業したいと仰ってくださった村田浩司さんと解放出版社の皆様にも感謝を申し上げたい。

二〇二二年一一月、ソウルにて

翻訳者を代表してハン・ディディ

【翻訳者プロフィール】

## イ・サンヒョン

韓国緑の党の性平等委員会共同委員長。大学の時から女性主義学会活動をし、韓国のフェミニズム運動に参加してきた。地域共同体での平等文化の拡散、女性と少数者の政治勢力化、性平等教育と政策などに関心を持って勉強し活動している。

## 今政肇（いままさ・はじめ）

韓国の山間部に住みながら、翻訳や研究をしている。

## 影本剛（かげもと・つよし）

朝鮮文学専攻。韓国語共著に『革命を書く』（ソミョン出版、2018年）、『韓国近代文学の辺境と接続時代』（ボゴ社、2019年）など。日本語への訳書に李珍景『不穏なるものたちの存在論』（インパクト出版会、2015年）、金賢京『人、場所、歓待』（青土社、2020年）。韓国語への共訳書に栗原幸夫『プロレタリア文学とその時代』（ソミョン出版、2018年）、金時鐘『猪飼野詩集ほか』（図書出版b、2019年）、同『失くした季節』（創批、2019年）。

## 金友子（きむ・うぢゃ）

立命館大学国際関係学部教員。専門領域は在日朝鮮人をめぐる問題、ジェンダー研究・フェミニズム理論。論文に「在日朝鮮人女性に対する日常的で微妙な差別」（『東方学志』191集4号、2020年、韓国語）、共著に『レイシズムを考える』（共和国、2021年）、翻訳に『日常生活に埋め込まれたマイクロアグレッション —— 人種、ジェンダー、性的指向：マイノリティに向けられる無意識の差別』（共訳、明石書店、2020年）など。〈アプロ・未来を創造する在日コリアン女性ネットワーク〉会員として、在日朝鮮人女性に対する複合差別の実態調査にも携わっている。

## ハン・ディディ

Didiという名前でいろいろ運動に参加し、また勉強してきた。人文地理、都市研究者として東京とソウルのプレカリアート運動の歴史的形成過程とその運動の中で作られた都市的コモンズについて比較研究を行った。翻訳者として韓国と日本の運動と思想を結びつけるための作業をしてきた。

## 平野（ひらの）

日韓関係の歴史を通し、さまざまな活動に参加する過程で韓国語を学び、大事な友人たちとも出会ってきた。東京・山谷での日雇い・野宿者支援の活動の中でDidiと出会い、ごく一部ではあるが、ともに本書の翻訳作業に携われたのは、よい経験になった。

【編著者プロフィール】

**クォンキム・ヒョンヨン**

『二度とそれ以前には戻らないだろう―― 進化するフェミニズム』、『いつもそうだったように道を探し出すだろう』、『女たちの社会』を書き、『韓国男性を分析する』、『オンニネ(姉さんの)部屋』(1, 2)、『被害と加害のフェミニズム』(本書)の編著者であり、『#MeTooの政治学――コリア・フェミニズムの最前線』など多数の共著がある。韓国性暴力相談所、オンニネ(姉さんの)ネットワークなど女性運動団体で働き、いくつかの大学で女性学を教えた。性と暴力のジェンダー政治学が主要な関心事。

# 被害と加害のフェミニズム

## #MeToo以降を展望する

2023年1月30日　第1版第1刷発行

編著者　クォンキム・ヒョンヨン

発行　株式会社 解放出版社

〒552-0001 大阪府大阪市港区波除4-1-37 HRCビル3階

Tel : 06-6581-8542 Fax : 06-6581-8552

[東京事務所]

〒113-0033 東京都文京区本郷1-28-36 鳳明ビル102A

Tel : 03-5213-4771 Fax : 03-5213-4777

振替 : 00900-4-75417

ホームページ : http://kaihou-s.com

装幀・DTP　平澤智正

印刷・製本　萩原印刷株式会社



ISBN 978-4-7592-6809-6 c0036

NDC分類367 286p 19cm